Karl Wassmannsdorff

Preisfechten der Marxbrüder und Federfechter aus den Jahren 1573 bis 1614

Karl Wassmannsdorff

Preisfechten der Marxbrüder und Federfechter aus den Jahren 1573 bis 1614

ISBN/EAN: 9783743327597

Hergestellt in Europa, USA, Kanada, Australien, Japan

Cover: Foto ©Andreas Hilbeck / pixelio.de

Manufactured and distributed by brebook publishing software (www.brebook.com)

Karl Wassmannsdorff

Preisfechten der Marxbrüder und Federfechter aus den Jahren 1573 bis 1614

Sechs Fechtschulen
(d. i. Schau- und Preisfechten)

der

Marrbrüder und Federfechter

aus den Jahren 1573 bis 1614;

Nürnberger Fechtschulreime
v. J. 1579

und

Rösener's Gedicht:

Ehrentitel und Lobspruch der Fechtkunst
v. J. 1589.

Eine Vorarbeit zu einer Geschichte der Marxbrüder und Federfechter

von

Karl Waffmannsdorff.

Heidelberg, 1870.
Buchhandlung von Karl Groos.

Inhalt.

	Seite
Vorwort.	
Einleitung	1
I. Originalbeschreibungen von Fechtschulen der Marxbrüder und Federfechter:	
1) Die Fechtschule zu Zwickau im Jahre 1573	12
2) „ „ „ Stuttgart „ 1575	16
3) „ „ „ Troppau „ 1583	24
4) „ „ „ Düsseldorf „ 1585	26
5) „ „ „ Stuttgart „ 1596	28
6) „ „ „ Dresden „ 1614	30
II. Nürnberger Fechtschulreime aus dem Jahre 1579	32
III. Rösener's „Ehren Tittel vnd Lobspruch der — Kunst der Fechter" vom Jahre 1589	46

Berichtigungen.

S. 5 Zeile 17 von oben lies: den p.
„ 6 „ 17 „ unt. „ Frankfurt's.
„ 18 „ 23 „ „ „ erdichteten.
„ 18 „ 35 „ „ „ Webeschimpff.
„ 23 „ 3 „ unt. „ Dienerschaft (?). —
„ 25 „ 6 „ „ „ Tesakfechter.
„ 29 „ 21 „ „ „ trementia.
„ 30 „ 6 „ oben „ beschrieben. Über — — Worte¹) —.
„ 30 „ 20 „ „ „ abgehalten.
„ 30 „ 1 „ unt. „ ³) zehn.
„ 32 „ 10 „ „ „ Geschichtklitterung.
„ 49 „ 6 „ „ „ ²³) d. i —.

Vorwort.

Als Hauptgewährsmann über die Geschichte der deutschen Fechtkunst wie über die bis in das vorige Jahrhundert bestandenen Fechterinnungen der Marrbrüder und Federfechter gilt Professor Scheidler. In Ersch und Gruber's Encyclopädie, wie an manchen Orten sonst (in der Einleitung zu Roux' Hiebfechten, Jena 1849; in den „Jenaischen Blättern", 3. Heft 1859, S. 140 f., und zuletzt in der „Deutschen Turnzeitung" von 1864, S. 171 f.), hat er, einem Aufsatze Göttling's im „Thüringer Volksfreunde" (Jahrg. 1829, Jena bei Frommann) über „Die thüringische Fechterfamilie Kreußler" zum größten Theile sich eng anschließend, zum Theil ihn willkürlich verändernd, überall mit fast denselben Worten dasselbe vorgebracht. Die unhistorische Behauptung Scheidler's, die Federfechter hätten die Kunst des Stoßfechtens in Deutschland aufgebracht; ihre Fechtwaffe „Feder" sei den Marrbrüdern unbekannt gewesen — mit aller Bestimmtheit vorgetragen und darum auch bereitwillig (z. B. auch von Lübeck S. 4 seines Lehr- und Handbuches der deutschen Fechtkunst von 1865) angenommen — habe ich, gestützt auf ein selbstständiges Quellenstudium und auf die Durchforschung der in den Archiven zu Frankfurt a. M. und zu Prag noch vorhandenen Schrift- und Actenstücke der Marrbrüder und Federfechter, schon in der Turnzeitung vom Jahr 1864, S. 353, als irrig nachgewiesen, und Prof. Scheidler hat S. 15 der Turnzeitung von 1865 eingestanden, daß die von Göttling aufgestellte und von ihm seither adoptirte Ansicht, wonach die mehr besagten zwei Fechtgilden sich nach der Verschiedenheit der Hieb- und Stoßwaffe unterschieden hätten, auch ihm jetzt als eine irrige erscheine. —

Zu weiteren Berichtigungen der durch Scheidler's Aufsätze hauptsächlich zur Geltung gekommenen unhistorischen Ansichten über die deutsche Fechtkunst und das Verhältniß der Marrbrüder zu den Federfechtern möge nun das ganze vorliegende Schriftchen dienen: man betrachte es zugleich als eine Vorarbeit zu einer umfassenden Geschichte der beiden deutschen Fechterzünfte, in der das aus den Archiven zu Frankfurt und Prag, wie aus den sonstigen Quellen gewonnene Material — die kaiserlichen Privilegiums- und Wappenbriefe mit den Abbildungen der Wappen, die Fechterordnungen aus verschiedenen Jahrhunderten, die alten Meisterbücher der Fechter, Meisterbriefe u. s. f. — seine Veröffentlichung finden soll, damit das historisch Richtige über unsere alten Fechtvereine, die nach Jakob Grimm's Wort als eine Art Vorbild unserer gegenwärtigen Turnvereinigungen können angesehen werden, zur allgemeinen Kenntniß gelange.

Die Vorgänge auf den Fechtschulen, von denen der erste Abschnitt des vorliegenden Schriftchens einige Originalbeschreibungen bringt, werden den Lesern zeigen, daß die nach dem h. Vitus (Veit) genannten Fechter — f. S. 8 unseres Buches — keine anderen Waffen brauchten als die Markus-Fechter; aus dem zweiten Abschnitte, den Nürnberger Fechtschulreimen und ihrer Anpreisung der (Schreib- und Bett-) Feder mag noch deutlicher hervorgehen, daß es niemals eine Fechtwaffe „Feder" gegeben hat: — die Fechter selber wissen nichts davon![1]) Des Fechtmeisters Rösener's seltenes Gedicht über die Fechtkunst vom Jahre 1589 — der letzte Abschnitt meiner Schrift — wird nicht nur deswegen von mir mitgetheilt, weil es ebenfalls zu richtigen Anschauungen über das alte Fechterwesen führen kann, sondern um auch dem alten trefflichen Hans Sachs zu seinem Rechte und „Ehrentitel" zu verhelfen: ohne ein Wort der Bemerkung hat Rösener nämlich Hans Sachs'ens „Fechtspruch" vom Jahre 1545 fast seiner ganzen Ausdehnung nach in sein Gedicht aufgenommen.

Habe ich am Abschlusse fünfundzwanzigjähriger öffentlicher Wirksamkeit als Lehrer und Turnlehrer gegenüber Jahn's Wort von dem unbegreiflichen

---

[1]) Ob die „Schreibfeder" der „Veiter- (Viter-) Fechter" Heinrich von Guntterodt's Angabe über eine größere „Bildung" der Fechter des h. Veit beeinflußt hat? Guntterodt's Worte (»De veris principiis artis dimicatoriae, Witebergae 1579« S. 21) lauten: »Nunc autem ad nostra tempora veniam. — Duo factiones extiterunt: vna ex parte vt plurimum pelliones [Kürschner], et alii opifices cum his confoederati, quorum etiam aliqui magistri in arte, praesertim gladii tractandi, haberi volunt, qui ex speciali Romanorum Imperatorum et Regum Priuilegio, in nundinis Francofurdiensibus, quos in arte excellere putant, et in eorum sectam qui iurare volunt, eodem titulo insignire solent. Alteri his oppositi plerunque studiosi bonarum disciplinarum et aliarum artium minus sordidarum periti, qui certe illis arte praestant [?], quamuis rarissimi etiam inter hos reperiantur, qui certum fundamentum habeant, et discipulos suos rationibus certis instituere possint.« Gleich darauf wird Joch: Meyer's Fechtbuch (Straßburg 1570) erwähnt. — Welche Handwerke zumeist den Marxbrüdern, welche den Veits-Fechtern sich zuwandten, hat aus Pommer-Bugenhagen's: Sammlungen hist. und geogr. Merkwürdigkeiten (herausgeg. von Köftner, Altenburg 1752, S. 187 f.), Jahn's D. Turnkunst von 1816 (S. 280) schon mitgetheilt; vergl. hierüber vorläufig auch die „Nürnberger Fechtschulreime", S. 33 u. f.

Verschollensein der deutschen Turnkunst (Turnbuch von 1816, S. 209 u. XXXI) in meiner Schrift: „Die Leibesübungen in den Philanthropinen zu Dessau, Marschlins, Heldesheim und Schnepfenthal (Heidelberg 1870, K. Groos)" den bisher gar nicht oder nur ungenügend gekannten Turnbestrebungen der deutschen Erzieher vor Jahn das ihnen gebührende Recht zu geben versucht, so glaubte ich den eben angedeuteten Lebensabschnitt nicht vorüber gehen lassen zu sollen, ohne die ersten sicheren Aufschlüsse auch über die deutschen Fechter-Vereine der Vorzeit den bisherigen Vermuthungen und unbegründeten Annahmen, wenn vorläufig auch nur in aller Kürze, entgegen zu halten. Mögen die künftigen Geschichtschreiber der deutschen Turnkunst nicht übersehen, was gerade ihnen zumeist auch dieses Schriftchen bieten will! —

Heidelberg, den 1. Mai 1870.

Karl Wassmannsdorff,
Dr. phil., Ritter des Zähringer Löwenordens.

Einleitung.

„Unsere Löbliche alte Teutsche Kayser führten bey ihren Höfen das **thurnieren**, für die **junge Ritterschafft**, ein, wodurch ein solcher junger Ritter und Edelmann nicht allein im reitten, sondern auch mit der Lantze, oder mit dem Speere, und anderm damals üblichem gewehre, auff seinen mann abgerichtet ward. Sie ordneten auch für die andere **gemeine Jugend Fechtschulen** an, umb selbige in allerhand Kriegswaffen zu uben, und begnadigten dieselbige mit sonderbaren Privilegien und Freyheiten. Eben daher haben auch die Schützen-Gesellschafften hin und wieder, in grossen und kleinen Städten, ihren ursprung und sonderbare Privilegien und Freyheiten bekommen, — vornemlich zu dem ende, damit man im falle der noth Leute haben könnte — **dem gemeinen Vatterlande zu dienste.**
(Berlin: Ritterl. Hauptschießen vom 9./19. Mai 1671. Frankfurt a. M. 1671.)

Friedrich III, der Vater des „letzten deutschen Ritters" auf dem Kaiserthrone, des turngeübten tapferen Maximilan's I, hat den deutschen „Meistern des Swerts" zu Nürnberg am 10. August 1487 den ersten Privilegiumsbrief gegeben und in demselben ihnen u. A. die „sonnder. gnad" gethan, „das nu hinfür allenthalben inn dem heiligen Reiche sich nyemandt ein Meister des Swerts nennen, Schul halten, noch vmb gelt Lernen sol, Er sey dann zuuor von den Meistern des Swerts in seiner kunst probirt vnd zugelassen."[1]

Das „Schul-halten" der Fechter, d. i. das Veranstalten einer öffentlichen Fechtvorstellung, fand der Privilegiumsbrief als eine alte Sitte des vor ihm in Deutschland schon bestehenden Standes der Fechtmeister vor; besondere Schirm-, d. i. eben Fechtmeister, kennen ja schon die mittelhochdeutschen Gedichte Gudrun und Biterolf.[2] Ebenso sprechen sich die Gesetze der ältesten deutschen Hochschulen schon gegen der Studirenden Besuch der „Fechtschulen" aus,[3] als ob die Sitten an diesen Orten nur eine Verschlimmerung, der Geist durch die Theilnahme an den Dingen des Mars eine unliebsame Ablenkung von der Ars[4] erleiden könnte.

---

[1] Aus dem in dem Archive der Stadt Frankfurt a. M. unversehrt erhaltenen Originalbriefe. — „sonnder gnad" d. i. besondere Gnade; und: „vmb gelt Lernen" heißt: gegen ein Lehrgeld die Fechtkunst lehren. [2] Vergl. meinen Aufsatz über die Leibesübungen der deutschen Ritter des Mittelalters in Kloss'ens Jahrbüchern der Turnkunst von 1866, S. 194 ff. [3] In den Acten der 1386 gegründeten Universität Heidelberg heißt es unter den Bestimmungen gleich des ersten Rectorates nach dem Verbote des Würfelspielens: »Praeterea fuit ordinatum ut scole (alte Form für: scolae, scholao) dimicantium scolaribus studii nostri interdicentur ne literis deputati vanitati vacent et studium praetermittant.« Die Randbemerkung zu dieser Stelle lautet: »De dimicatoribus et eorum scolis interdictis.« Vergl. auch Meiner's Geschichte der hohen Schulen, IV, 146. [4] Die frühere Zeit, besonders das 17. Jahrhundert, spielte gern mit dem Gegensatze Ars (Kunst, Bildung) und Mars (Gott des Krieges), und fand in ihm einen kurzen Ausdruck für turnerische und wissenschaftliche Bestrebungen, für die Leibes- und die Geistesbildung. Vergl. auch die „Deutsche Turn-Zeitung" von 1870, S. 40.

Die — annoch ungedruckten — deutschen Fechthandschriften gedenken öfters der Fechtschulen, ohne die Beschreibung eines derartigen wirklich abgehaltenen Schaufechtens zu geben.

So spricht schon die — so viel mir bekannt — älteste handschriftliche Aufzeichnung der mittelalterlichen Fecht- und Ringkunst (die Nürnberger Handschrift Nr. 3227 a. vom Jahre 1389) von dem Gegensatze der „übung vnd schulfechtens" (Bl. 44 a.) gegenüber dem ernsten Kampfe, mag dieses Schulfechten, bei dem man (Bl. 52 b.) „schimpf vnd höbschelt", d. i. Scherz und hofmäßige, ritterliche Kunst zu treiben begehrt, etwa auch nur in dem engen Kreise der zuschauenden Fechtgenossen selber vorgenommen werden.

Ebenso unterscheidet Lecküchner's Handschrift über das Messerfechten — in älterer Fassung auf der Heidelberger Bibliothek; in einer Ueberarbeitung aus dem Jahre 1478 zu München — zwischen ernstem Kampfe und geselligem Uebungs- und Wettfechten vor Zuschauern. Gegen einen groben Bauernstreich in den Kopf empfiehlt Lecküchner z. B. (Blatt 15 der Heidelberger Handschrift) einen Halshieb: „wiltü yn [willst du ihn] nicht hart wunde, so schlag yn auff den arm, ist abe' das auf eyne' rechtschull so schlag yn yn den pawch auff seyne' lindn seyttn grob vnd penrisch das erß wol enpfindt." Bl. 47 a. lehrt Lecküchner ferner eine eigenthümliche Fassung des Gegners (s. das Titelbild), mittelst deren man denselben auf einer Fechtschule zum Vergnügen der Leute sogar in einen Sack schieben kann. „Item wiltu yn ynn eyne sack schybe, so pestell heymlich czween mit eyne sack dye hynte' dem volck stenen (M.: so pestell heymlich „Etlich by Eynen sack verporgen pey Jn haben auff der schull by hlutter dem volck stenn") vnd faß yn als ob gemelt ist vnd hayß dy czwen den sack auff habe [auf halten] vnd druck yn fast [fest, stark] vnd nöt yn [nöthe, zwinge ihn] das er dar eyn krich, wil er abe' nicht dar eyn krychn so greuff mit deyne' rechten hand außwendigs yn seyn rechte knyepug vnd wirff yn eyn [lies: in] gottes namen dar eyn." Bl. 93 a. wird ferner der Gegner so zu fassen gelehrt, daß Lecküchner seinem Schüler aufgeben kann: „stopff yn eyuß oder vye' mal [ein oder vier mal] behentlich yn den pauch oder auff das gemecht [mit dem Messer] es ist ga' leche'lich auff der schül zw treyben vor den lewte."

Es gab ferner aber auch Fechtschulen zur Verherrlichung öffentlicher Angelegenheiten und Festlichkeiten; auf großen Schützenfesten, bei fürstlichen Hochzeiten u. s. f. traten, von den Festordnern und hohen Herrschaften zum Besuche des Festes gewöhnlich eingeladen, die Meister des Schwertes mit den Beweisen ihrer Kunst und Ausbildung vor die Festgenossen, um Ehre und Gewinn wie diejenigen davonzutragen, die bei solchen Anlässen in anderen Turnkünsten wettübten.

So fand — um ein frühes Beispiel für die Abhaltung von Fechtschulen in weiteren Kreisen, als inmitten einer Stadtgemeinde anzuführen — bei dem großen Augsburger „Schießen" (d. i. Schützenfest) des Jahres 1509 (— 544 Schützen, unter ihnen Herzog Wilhelm in Baiern, bedienten sich des „Handbogens"; Büchsenschützen waren 916 auf dem Platze —) neben anderen Turnübungen auch die Fechtkunst Gelegenheit, öffentlich hervorzutreten. In aller Kürze nur spricht sich Werlich's Chronik von Augsburg (S. 271) hierüber aus: neben den auf den Schützenfesten sonst üblichen „Kurzweilen wurden auch Fechtschulen vnd andere Schauspiel angerichtet, als mit Ringen, Tantzen, Wettlaufen, Steinstossen, Kegeln vnnd dergleichen." — „Damit nichts kurtzweiliges verbliebe", hatten die Augsburger für ihr Fest nicht nur den üblichen „Glückshafen" aufgerichtet, sondern „auch demjenigen, so die grösste Lügen thun köndte, ein gewiß gewinnet" ausgesetzt.

Fechtschulen dienten i. J. 1547 auch dazu, einem in dem Schmalkaldischen Kriege von dem Kaiser besiegten Reichsfürsten das Schicksal seiner Gefangenschaft zu erleichtern. Dieser, Churfürst Johann Friedrich von Sachsen, mußte in des Kaisers Haft dem Reichstage zu Augsburg i. J. 1547 anwohnen, wo er in dem Welser'schen Hause am Weinmarkte (besser als der zu Donauwerth strenger gefangen gehaltene Landgraf zu Hessen) anständig und fürstlich behandelt wurde. „Der Hertzog von Alba", erzählt Sastrow in seiner Lebensbeschreibung,[1]) „vnd andere grosse Herrn am Kay. Hofe, auch sonst, sein [sind] zu jme aus vnnd eingangen, haben mit freundlichem gespräch, auch allerlei Kurtzweill jme gutte Gesellschafft geleistet; hatte im Hofe seiner Herbergen (so zwar herlich vnd furstmeßig gebauwet vnd zugerichtet ist) ein Ronplatz,[2]) dar sie uber die Stangen gestochen; jme ist erlaubt, in der Statt an lustige Ortter, zirlich mit sonderlicher Kunst zugerichtete Gertten (dero zu Augspurg etzliche sein) zu reiten, auch (dieweill er von Jugent auf Lust zum Fechten gehapt, vnnd, als er jung vnnd beruriger gewesen, auf allen Wehren gerne gefochten hatt) jme zu gefallen, Fechtschulen zu halten, bestellen lassen."

Im September des Jahres 1560 ferner gab zu Stuttgart Herzog Christoph von Württemberg ein grosses fürstliches Herren-Schiessen mit dem „Stachel" (Armbrust mit Stahl-Bügel) um 100 Ungerische Ducaten, welche „das Beste" (d. i. den Hauptgewinn) ausmachten. Nach des Pritschmeisters Flerel's Beschreibung (Handschrift No. 325 der Heidelberger Bibliothek) gehörte zu den Zwischenfeierlichkeiten auch dieses Schützenfestes eine Fechtschule:

Am Suntag hielt der Fuerst ain Lauffenn,
Daß gfiell dem Lauffer vnnd wartt jnn ebenn
Ain lyndisch Parhossen[3]) zum Besten gebenn,
So hördt Jr gnedigen Herren mein
Ain Wames soll das Annder sein
Daß macht dem Lauffer ain freien muett,
Zum Tritten was ain schönner Huedt,[4])
Mit ainer Feder ausser Korren
Ich gwang[5]) Jr Kains das thet mir zoren[6])
Daß hatt geschehen Frawen vnnd Mann,
Darnach fienng man zu Fechten ann.

Das ist geschehenn Inn dem Lusthgartten,
Auff die Fuersten muest man wartten
Biß das das Lauffenn war gar aus,
Darnach da fuer die Fuerstin heraus,
Aufs dem Schloß Inn denn Lustgartten,
Frauenzymmer muest biennen vnnd Wartten —
Fünff Junge Frewlin hatts[7]) mitt Jr gfüertt,
Die warent Fuerstin gar Hochgeborrenn,
Zue Wuerttemberg woll ausser Korrenn, (Bl. 18 b.)
Mitt Samabt waß der Wagn bedeckht,
Trawanden hounntts[8]) Voldh Offt erschreckht.

Als die Fürstin, deren Töchter und das Gefolge an den Fenstern des Lusthauses Platz genommen, sah man dem „Fechten vnnd springen" zu:

---

[1]) Herausgegeben von Mohnike (Greifswald 1823) II, 47. [2]) Renn- d. i. Turnierplatz.
[3]) ein Paar Hosen aus lündischem (Londoner) Tuch. [4]) Hut. [5]) gewann. [6]) Das erzürnte mich.
[7]) hat sie (die Fürstin). [8]) haben das.

Ain Fechter wolt denn annderen straffenn,
Der Fürst der ließ ain Wames kauffen,
Vonn lauder Taffat hübsch vnd sein,
    Zum Besten solt dasselbig sein,
Daß thett sein gnadt zum Besten gebenn,

Ich Facht nitt drumb das war mir ebenn,[1])
Sein F. G. thett sy[2]) bedenckhenn,
    Zu Jettlicher Wör[3]) Zwenn Taller schenckhen,
Vnnd Wöllicher hatt das Best gethann,
Dem gab man die zwen Taller zlann.[4])

Ulrich Erttell, „diener der schützen", d. h. Pritschmeister, Bürger zu Augsburg, hat das Stuttgarter Schießen des J. 1560 ebenfalls beschrieben (Cod. 582 der Bibliothek zu Gotha.)

Er nennt die Schützenfeste eine „Riterliche vnd Notwendige kurtzweil — die nit ain wenig zu kriegsvbung Dienstlich vnd Nutz sein khinen, vnd ain Heroisch Herrlichs exercitium Ist Vnnd der vrsach allenthalben In Lendern vnd Steten, so Im langenn Brauch Bliben" und „wol dem Turnieren vnd andern Fürstlichen Vbungen gleichgesetzt" mögen werden.

Ueber die Fechtschule bei Gelegenheit des Schießens sind seine Worte (Bl. 10 b.) diese: Am Sonntag den 29. September (1560) sei nicht geschossen worden, vielmehr „hat man geseyrt vnnd denselbigem tag kain schutz gethonn, allain das man nach essens etlich silber [Silbergeld als Gewinnste der Schützen] aufgestochen. Darneben hat man auch denselbigen tag andere kurtzweil getriebenn, als mit lauffen vnd Fechtenn, dessen sich dann der Jung herr Hertzog Eberhart zu württemberg ꝛc. selbst gebraucht vnd Persönlichen gefochte hat."

Kaiser Friedrich's Privilegiumsbrief spricht nur von den „n[5]) meistern des Swerts", ebenso melden die Nachrichten des Augsburger und des Stuttgarter Schaufechtens, wie wir eben gesehen, nichts von der bekannten Scheidung der deutschen Fechter in Marxbrüder und Federfechter; wie verhält es sich damit?

Andeutungen von verschiedener Lehrweise der Fechtkunst bieten schon die dem Privilegiumsbriefe an Alter vorgehenden Fechthandschriften. Liechtenauer's Kunst und Anweisung zum Fechten warnt in seinen — schon in der Handschrift des Germanischen Museums von 1389 sich vorfindenden — Reimen über die Anslagen mit dem Schwerte:

    Vier leger allein
    Davon haltu, fleuch die gemein.

    Ochs pflug alber
    Vom tag sein dir mit vnmer

vor den „gemeinen", d. h. hier, den sonst üblichen, von ihm nicht gebilligten Auslagen einer anderen Unterweisung; dieselbe Nürnberger, Liechtenauer's Schule folgende, Handschrift führt uns „leychmeister" (leichtfertige Fechtmeister) vor, die da sprechen, „das sy selber newe kunst vinden vnd irdenke [erdenken]. Aber ich wöte gerne eyne sehn der do, möchte nuer ey. gefechte [ein Fechtstück] aber [oder] eyne haw, irrenke vnd tue, der do nicht aus lichtnaw's kunst gynge; Nuer das sy ofte eyn gefechte vorwandeln, vnd vorferen wöllen, mit deme, das sy im newe name gebn, iglicher noch seyme hawpte, vnd das sy weit vmefechten vnd paryrn irrenken, vnd oft voer eyne haw czwene aber dreye tue, nuer durch wol sehens

---

[1]) einerlei (gleichgiltig). [2]) d. i. sich. [3]) jeglicher der verschiedenen Wehren (Waffen). [4]) zu Lohn. [5]) Dieses „n", wie das bekannte N. N., stehet anstatt bestimmter Namen von Fechtmeistern.

wille, do von ſy von den vnvorſtendige gelobt wolle werden, mit dem höbſche paryrn vnd weitwmeſechte, als ſy ſich deyntlich ſtellen, vnd weite vnd lange hewe dar brenge [darbringen, ausführen] lankſam vnd trege, mit deme ſy ſich gar ſere vorhawen vnd zeueme [ſäumen], vnd ſich auch do mite vaſte blos gebe, we [weil] ſy keyne moſſe [Maß] yn ire ſechte nicht haben, vnd das gehoert doch nicht zu ernſtem ſechte" (14 b.)

Eine feſtſtehende Bezeichnung für diejenigen Fechter, die von der althergebrachten Schule des Johannes Liechtenauer im Laufe der Zeiten ſich ablösten, mag wohl in dem Worte „Freifechter" des Lecküchner'ſchen Meſſer-Fechtbuches uns entgegentreten: Freifechter, „dy frey verſetzen" (Bl. 21 a.) —; was „frey vechteriſche" Stücke ſind, von denen (Bl. 102 a.) Lecküchner nichts ſagen will, mag aus der Bemerkung (Bl. 26 b.) erhellen, daß das ſog. Nachreiſen mit Vorſicht gegen die Freifechter anzuwenden ſei, „dy auſſ lange freye hewe ſechtn vnd ſuſt von rechte' kunſt des meſſers nicht halten vnd zu den dy nicht vill kunen [können] in rechte' kunſt vnd ſi doch maynen ſi wiſſen vill wye woll ſi nichtz wyſſen vnd wyde' dye dy dem ma [Mann] nach dem rauch ſchlage vnd greuffe nach dem plöſſe von romes [Ruhmes] wegen."

Die Fechtergeſellſchaft, in deren Verwahrung der erſte den Meiſtern des Schwertes gegebene Freiheits- und Privilegiumsbrief, wie deſſen Erneuerungen und Beſtätigungen ſeitens der Nachfolger Friedrich's III ſich befand, nannte ſich nach Ausweis ihres älteſten „Meiſterbuches" (in dem Archive der Stadt Frankfurt a. M.) urſprünglich die „bruderſchafft Vnſer lieben frawen der reynen Jungfrawen Marien vnd des Heiligen vnd gewaltſamen Hyemelfurſten ſanct Marren"; der Verein der ſog. Federfechter erhielt erſt durch Kaiſer Rudolf II. am 7. März 1607 einen Privilegiumsbrief. Wann hat ſich dieſe zweite Fechtergeſellſchaft gebildet?

Paulus Hector Mair, Rathsdiener zu Augsburg, hat ſein, den Cimelien (Prachtwerken) der Bibliothek zu Dresden gegenwärtig angehörendes, „Kunſtfechtbuch" — einen Theil der Ringübungen deſſelben findet man in der Erneuerung der Auerswald'ſchen Ringerkunſt, Leipzig bei M. G. Priber, 1869, abgedruckt — um das Jahr 1542 geſchrieben: er weiß noch nichts von den Federfechtern. In ſeiner Geſchichte der Fechtkunſt, die „zu dem nutz vnnd Frommen des vatterlands" diene und hierin ihr letztes Ziel finde, bemerkt er (Blatt 12 b. der Vorrede), letztlich ſei dieſe „Ritterliche Kunſt dahin kumen, das nun ein Bruderſchafft Sannt Marren genannt daraus worden iſt. Welches die allerdurchleuchtigſten Großmechtigſten Römiſchen Kaiſer Hochloblichſter gedechtnus Fridericus des Namens der drit, Maximilianus, vnnd Jetz der Vniberwindtlichiſter Fürſt Carolus. ſelbſt. alle. drey auß dem altlöblichen hauſ Oeſterreich löblichen erborn. damit doch diſe Ritterliche vbung nicht gar verfielle. vnnd mit der zeit widerumb gehollfen werden möcht. mit Priuilegien vnnd Freyhaiten zu dem böſten [d. i. Beſten] allergnedigiſter mainung fürſehen [verſehen] vnnd begabt. Nämlich das alle Franckforter herbſtmeß, die Maiſter des Schwerts ſein vnnd werden wöllen. durch verordnete vnnd darauf geſchworne Maiſter Sannt marr Bruderſchaffſt. Ire maiſterliche Prob Inn der Eiſenfart vnnd gulbin kunſt.

probiern. vnnd also was zu dem Ritterlichen fechten gehörig mit aller zucht begeren. vnnd das mit Aidspflicht zunolnziehen bestettigen, also zuvor erlangen müessen Dise mögen dann so weit das Römisch Reich Tentscher Nation sich erstreckt Schulen halten. vnnd ander leut so es begern. nach des Schwerts gerechtigkait lernen" [lehren].

Eine frühere Anführung des Namens „Federfechter" als aus dem Jahre 1574 ist mir nicht bekannt. Die Gegenüberstellung von Marrbrüdern und Federfechtern findet sich in des Britschmeisters Benedict Edlbeck's „Ordentlicher beschreibunge des grossen schiessen in Zwickaw (v. J. 1573)" von 1574, so viel ich weiß, ebenfalls zum ersten Male.

Die Aktenstücke des Frankfurter Archivs selber enthalten über das Auftreten der Federfechter keine frühere Nachricht, als aus dem Jahre 1575. Dem Senate der freien Reichsstadt Frankfurt a. M. legen am 6. September 1575 „die Meister des Schwerdts der Hochgefreyeten vnd Begnadeten Bruderschafft Sanct Marx, Jtzo alhie zu Franckfurt am Main, sampt vnd sonder" folgendes Bittgesuch vor:

„Ernneste, Hochgelerrte, Fürsichtige, Ersame vnd wolweise, groß günstig gebietende Herren Nachdem nuhn ettliche Jar hero, auß mangel eines Meisters des Schwerdts der Bruder oder Gesellschafft Sanct Marx in diser Kay. freien Reichs Stat Franckfurt¹), den Freyfechtern vergönt vnnd zugelassen worden, offene Fechtschulen anzuschlagen vnd zu haltten, wie dan auch beschehen, Vnnd aber E. E. vnd F. W. sich g: zu erinnern wissen, daß solches angezogener Bruderschafft rc. Freihett vnd begnadigung höchlich entgegen vnd zuwider, So ist vnser gantz vnderthenige bitt, E. E. vnd F. W. wöllen hinfürther Keinem Freifechter eynich Schul anzuschlagen noch zu halten gestatten Sonder vns bei vnsern lang vnd wolhergebrachten Freiheyten schützen vnd handthaben, damit wir nicht verursacht, an andern ortten vnnd enden, vns eines solchen mißbrauchs wegen zu beclagen, vnd die Peen in den Freiheiten²) bestimpt anzuzihen, das wir doch viel lieber vmbgehn wölten, Thun hiemit E. E. vnd F. W. vns zu vnderthenigen gehorsamen diensten empfelen."

Eine ähnliche Bitte, vorgelesen im Senate Frankfurts „Donnerstags den 19 Aprilis Anno rc. 76", also im nächsten Jahre, bringen vor „Friedrich Renner von Hof, steinmetz Jtzundt erwehlter Hauptman" der Brüderschaft von S. Marx und vier Meister des Schwerts oder der gefreiten Brüderschaft von E. Marx; aus ihrer Eingabe mag folgende Stelle ausgehoben werden, die sich an die Erklärung der Meister anfügt, jeder redliche Gesell oder Biedermann, welches Standes oder Handwerkes er sei, „außgenommen die vom Abel vnd der Ritterschafft" habe sich bisher der Brüderschaft anschließen können.

„Nachdem aber vor wenig Jahren, etliche von vnß (wissen nicht aus was vrsachen.) sich abgesondert vnd die Freye oder Federfechter, wie man sie noch heuttigs tags zu nennen pflegt, genant, welche die fürnemsten von hohen vnd Nidern standts Personen an sich hengten, vnd vns der Bruder oder Gesell-

---

¹) Das Verzeichniß der in Frankfurt a. M. zu Meistern des „langen" Schwertes geschlagenen Marxbrüder (in dem Frankf. Archive) beginnt seine Aufzählung dieser Meister erst mit dem Jahre 1583. — Ob das „Meister" des obigen Briefes nicht „Hauptmann" der Brüderschaft bedeuten soll? oder ob ein in Frankfurt „ansässiger Meister" gemeint ist? ²) In dem Privilegiumsbriefe Friedrich's III von 1487.

schafft von S. Marx widerwertig machen, auch dieselben dahin verursachen, vnd bewegen thun, viel vnnd grosse drawwort [Drohworte] vff offenen Freien Fechtschulen (wie am nechstvergangenen Palm Sontag gehört ist worden,) vnd sonst allenthalben wider vns außzustossen. Vnd sonderlich (deß wir vns zum höchsten zu beclagen,) haben wir Jzundt ein zeit hero sehen müssen, Daß den Freysechtern erlaubt vnd vergünt worden ist, wider vnsern willen oder wissen, offene Schulen anzuschlagen vnd zu hallten, welches, angezogenen vnsern wolhergebrachten Priuiliglen höchlich entgegen vnd zuwider, darumb wir auch vor etlichen wenig tagen, als sich ein solches abermals begeben hat, einen derselbigen anschlag Zettel, nit auß frefel oder mutwillen, sondern allein zu einem warhafftigen gezengnuß, abgenommen haben."

Zwei Jahre nach der Verfügung des Senats, „daß solcher einbruch vnd mißbrauch (der Frei- oder Federfechter) abgeschafft vnd ferner nicht gestatet werden solle", haben sich, wie es jetzt zum ersten Male heißt, „die Meister deß langen Schwerts der Bruderschafft S. Marx" auf's Neue bei dem Senate darüber zu beklagen, daß den Frei- und anderen fremden Fechtern ohne Unterschied Schulen anzuschlagen und zu halten gestattet sei. Ist später jedoch, wie die Actenstücke des Frankfurter Archivs ausweisen, auch gegen die wiederholten Einsprachen der Marxbrüder, den „Meistern deß Schwerdts Von der Feder" das Schulhalten zu Frankfurt a. M. gestattet worden, so erhielten die „der Feder zugethane vnd anverwandte Fechtmeister", oder, wie es in den Actenstücken auch heißt, die „Freyfechter von der Feder", durch den ihnen von Kaiser Rudolf II zu Prag im Jahr 1607 verliehenen Privilegiumsbrief ähnliche Rechte, wie sie die Marxbrüder für sich allein beanspruchten, und es gab seit dieser Zeit zwei öffentlich anerkannte Fechtergesellschaften im deutschen Reiche.

Von den noch erhaltenen Actenstücken des Prager Archivs über die Federfechter ist das älteste eine von Bürgermeister und Rath der Altstadt Prag am 28. Juli 1597 — in böhmischer Sprache — erlassene Fechtschulordnung, in der Federfechter und Marxse (Marcusbrüder), was die Abhaltung der Fechtschulen zu Prag betrifft, als gleichberechtigt angesehen werden.

Es wird hier der Ort sein, den Namen Federfechter endlich richtig zu deuten. Daß er nicht von einer Fechtwaffe „Feder", wie man gefabelt, herkomme, ist in dem Vorworte schon berührt worden.

Kaiser Rudolf II hat, wie oft erwähnt, zu Prag den 7. März 1607 den Federfechtern ihren Privilegiumsbrief gegeben, und bei dieser Gelegenheit nicht nur die Satzungen, über die sich „die maister vnd Gesellschaft der Freyfechter von der Feder" zu Prag am 4. August 1606 geeinigt hatten, bestätigt, sondern ihnen auch, „sich desselben auf offenlichen Fechtschuelen vnd sonsten Irer Ehrn Notturfft, willen vnd wolgefallen nach haben zue gebrauchen", ein adliges Wappen verliehen. Aus dessen Schild sieht man u. A. aus einer Wolke bis auf die Mitte des Wappenschildes hervorragen „zween Manns armb, mit zue samen geschloßnen händen, darinen mit dem spicz [der Spitze] vnder sich [d. h. nach unten] ain Schreibfeder haltend": — eine Schreibfeder ist doch wohl niemals ein Stoß- oder Hiebfechtel! Untersiegeln ferner die Federfechter ihr zu Prag den 10. Februar 1603 ausgestelltes Einladungsschreiben auch der Marrbrüder auf ihre Erste Schule am Sonntag „nach Sancti Viti" mit dem von dem Kaiser ihnen verliehenen Insigel und lautet die Umschrift desselben: „SIGILL. DER. MAISTER. DES: LANGEN. SCHWERDS. VON. DER. FEDER.", so ist damit ein weiterer Zurückweisungsgrund der Annahme von einer den Federfechtern besonderen Fechtwaffe und Fechtkunst ausgesprochen.

Prag, überragt von der auf dem Hradschin weit in das Land schauenden S. Veits-Kirche, ist, wie die eben angeführten Documente, die Fechterordnung des Rathes der Altstadt Prag von 1597, des Kaisers Freiheitsbrief v. J. 1607, das Einladungsschreiben zum Besuche der Hauptschule am Sonntage nach Sct. Veits-Tage v. J. 1608, zeigen, als Hauptsitz der Federfechter anzusehen und in der That auch stets so angesehen worden,[1]) während Frankfurt, die Krönungsstadt der deutschen Kaiser, als Ort der Niederlegung und Verwahrung der von den Kaisern erhaltenen Freiheitsbriefe, als eigentlicher Sitz der Marrbrüder galt. Hatten die Marrbrüder zu ihrem Schutzheiligen den Apostel Markus (Marx) gewählt, so war, wie alle Zeugnisse einstimmig melden, der Freifechter Patron der heilige Vitus (Veit) und der Name Federfechter bedeutet nichts anderes als Viter- oder Veiterfechter.

Diese Erklärung des Namens „Federfechter" entnehme ich dem Fascicel 27 der Aktenstücke des Archivs zu Frankfurt a. M. über die Marrbrüder. — Unter der Ueberschrift „S. Marc9[2]) Brüd' am lang. Schwerd betr." berichtet es, vielleicht nach der Aussage von Meistern des Schwertes selber:

„Ein angelobter Mr. [Meister] muß noch 2 Jahr wartten, biß Er ein approbirter meyster werden Kann.

Die Marc9brüder Vnd feder fechter haben einer leyh exercitia, theyhls handtwerker bekennen sich zu jenen, vnd die andern zu dießen; jene werden zu Meystern hier, dieße zu prag gemachet, dieße werden Veyter fechter genant, weyhlen Sie auf St. Viti tag ihre privilegia erhallten haben; Ein Lucas Bruder ist ein Mr. aus denen Marc9 oder Veyths fechtern, so sich vndernimet gegen alle vnd jede die Schuhl zu behaupten; würdt Er aber bluthrüstig gemachet, so ist Er ab, vnd die übrige theyhlen das von denen Zuschauwern erlößete geldt." —

Ist den Freifechtern, nachdem sie, den Markusfechtern nachahmend, in dem h. Veit ihren Schutzpatron gesucht und gefunden, durch Umsprechung und Umdeutung die Beziehung ihres Namens auf den h. Veit, wie die unten folgenden Nürnberger Schulreime und die Schreibfeder ihres Wappens ausweisen, eben so wie all den Quellen, die meiner Benutzung zugänglich waren, nicht mehr erinnerlich, was ist es da zu verwundern, wenn neuere Schriftsteller, die nicht einmal von der Gänsekielfeder in dem Wappen der Veiterfechter etwas wußten, zur Erklärung des Wortes „Federfechter" zu Annahmen über eine eigenthümliche Fechtkunst der Fechter des h. Veit gekommen sind, die auf historischer Grundlage nicht beruhen! — Die Fechter des h. Veit kannten, wir wiederholen es hier, mit aller Bestimmtheit noch einmal, keine anderen Waffen als die Markus-

---

[1]) Frisch: Teutsch-lat. Wörterb., Berlin 1741, übersetzt Federfechter einfach: Pugiles Pragenses. [2]) Das Zeichen 9 bedeutet in lateinischen Handschriften wie Druckwerken us.

fechter; zu stoßen, wie zu hauen und zu schneiden, je nach der Art und Beschaffenheit ihrer langen und kurzen Wehren, verstanden beide Fechtergesellschaften. Die Geschichte der deutschen Fechtkunst wird somit von all' den Hypothesen zu lassen haben, die durch Göttling-Scheidler in sie hinein getragen sind!¹)

Erst nachdem Kaiser Leopold den den „Meistern des langen Schwerdts, und der Brüderschafft Sanct. Marco" von Karl V. am 13. Mai 1541 zu Regensburg ertheilten adligen Wappenbrief zu Wien am 20. März 1670 bestätigt, erneuert und vermehrt, nennen sich die „Meistere deß langen Schwerdts unnd der Militarischen Exercilij kunst erfahrne von St. Marco und Löwenbergen" fortan die Gesellschaft „von St. Marco und Löwenberg" —: der geflügelte Löwe ihres Wappens steht mit seinen Hinterbeinen auf den zwei hinteren „Bergen", deren das Wappen drei aufweiset: daher der Name Löwenberg.

Heißen die Veiter- oder Federfechter später „Meister des langen Schwerts von Greifenfels über die Gesellschaft der Freifechter von der Feder"²) — in dem von Kaiser Rudolf II diesen Fechtern 1607 verliehenen Wappen steht als Wappenthier ein geflügelter Greif auf dem das Wappen krönenden Helme — so ist darüber zu bemerken, daß in Nachahmung der Marcusbrüder auch diese Fechtergilde eine Vermehrung ihres Wappens nachgesucht und ebenfalls von Kaiser Leopold am 2. Dezember 1688 erhalten hat.³)

Kommen wir jetzt wieder auf die Schulen, die Fechtvorstellungen, das Schaufechten zurück, so wissen wir schon aus den S. 6 f. mitgetheilten Stellen der Actenstücke des Frankfurter Archivs, daß es üblich war, durch einen Anschlagebrief zum Besuche dieser Wettübungen einzuladen. Hatte Bürgermeister und Rath, wenn die Fechtschule in einer Stadt abgehalten werden sollte, die Erlaubniß zur Veranstaltung derselben gegeben, so hielten die Fechter „dem alten Gebrauche gemäß ihren feierlichen Umzug oder Umgang. Trommeln und Pfeifen voran, zogen sie, das Paradschwert, an welchem ein Kranz hing, auf der Schulter, umsprungen von der lustiglärmenden Jugend, und gefolgt von der jubelnd schaulustigen Menge, durch die Hauptstraßen der Stadt, um die Bürger und Bürgerinnen hiedurch aufzufordern, sich recht zahlreich einzufinden bei der bevorstehenden Fechtschule. Außerdem verständigten oft noch Anschlagzettel Ort und Zeit, wo dieselbe jedesmal gehalten werden sollte."⁴)

---

¹) Ob Göttling-Scheidler's „Feder", ihr vermeintlicher leichterer Degen zum Hauen, vornehmlich aber zum Stoßen, aus Heudel's „Archiv für D. Schützengesellschaften" (Halle 1802, I., S. 106) entnommen ist?: „Dusák (böhmisch) oder besser Tesák [tesak], die Deutschen nannten dies Instrument Feder, daher Diejenigen, welche sich dessen bedienten, Federfechter genannt wurden." — In keiner Quelle, weder in den Wörter- und Fechtbüchern, noch sonst wo, kommt eine Fechtwaffe „Feder" vor; sie ist einzig und allein erfunden worden, um eine Erklärung des Namens Federfechter zu gewinnen!! — ²) S. hierüber auch D. Gottfr. Rud. Pommers in. Bugenhagen: Sammlungen histor. und geogr. Merkwürdigkeiten, nach des Verfassers Tode aus seiner zum Druck völlig fertig gemachten Handschrift heraus. von Kästnern. (Altenburg [Richter] 1752, S. 184.) — Bugenhagen ist 1688 geboren und am 14. Hornung 1749 gestorben. Seine Sammlung von Merkwürdigkeiten war schon einmal, doch ohne die Belegstellen, im Jahr 1726 herausgekommen. Vergl. Jahn's deutsche Turnkunst von 1816, S. 278 f. ³) S. 119 der Zeitschrift „Ost und West" von 1848. — Leopold's Wappenbrief selber fand sich in dem Prager Archive zur Zeit meiner Benutzung desselben nicht mehr vor. ⁴) Alsatia, Jahrbuch für elsässische Geschichte u. s. f., herausgegeben von Aug.

Muster für einen solchen Fechtschul-Anschlag bietet Rösener's unten folgendes Gedicht vom Jahr 1589; immer handelte es sich in diesen Einladungen um eine gewisse Herabsetzung der Gegner und um die Verherrlichung der eigenen Genossenschaft. Den häufig vorgebrachten Vorwurf, die Federfechter hätten sich ein adliges Wappen nur angemaßt, konnten die Marxbrüder natürlich nur bis zum Jahre 1607 brauchen. Nach Verleihung eines solchen Wappens durch Kaiser Rudolf II konnten die Veiter-Fechter in ihren Fechtschul-Anschlägen die Worte der Marxbrüder „durch Krafft vnd Macht Römischer Keyserlicher Majestat gegeben Freyheit u. s. f." [1]) ebenfalls anwenden und wie diese einen Abdruck ihres kaiserlichen Privilegiumsbriefes mit anheften lassen.

Vor Beginn des Kampfes „befreiete" die Schule der Meister, dem die Abhaltung derselben vergönnt war, d. h. er theilte den Anwesenden die Ordnung mit, die bei dem Fechten stattzufinden habe, was frei stehen, was verboten sein sollte. Außer dem, was die nachfolgenden Beschreibungen wirklich abgehaltener Fechtschulen über die sog. Befreiung derselben enthalten, füge ich hier (aus Vischer, Tractatus etc., S. 479) eine weitere Fechtschul-Befreiung ein, aus der ersehen werden kann, was damals bei dem Schau- und Wettfechten verboten war: „Jedoch soll ein jeder wissen, was auff dieser Fechtschulen soll verboten seyn, als Ort, Knopff, Spitz, Einlauff, Armbrüch, Gemächtstoß, Augengrieff, Steinworff,[2]) vnd alle vnredliche Stück, die mancher wol zu brauchen weiß, die ich nicht alle erzehlen kan, vnd auch nicht gelernet habe, auch schlage mir keiner ober noch vnter die Stangen[3]). Es soll einem jeden schutz vnd schirm gehalten werden wie dem andern, deßgleichen will ich gebeten haben, wo ihr zween Haß vnd Neid zusamen trügen, die wollens auff dieser Schul nicht außfechten, sondern wo es Krafft vn Macht hat zc." [4])

Aus den unten folgenden Beschreibungen einiger von Fürsten veranstalteten Fechtschulen werden wir sehen, daß der Siegespreis nur Demjenigen zuerkannt wurde, der dem Gegner eine blutende Wunde beigebracht hatte. Dieselbe Bedingung war zu erfüllen, wenn der Kampf nicht um Geld, sondern um einen Ehrenkranz stattfand (s. z. B. Bl. 5 der Nürnberger Fechtschulreime.)

Gehörte es ferner zum Wesen dieser Fechtschulen, daß — da eine Krähe der andern die Augen nicht aushackt[5]) — Marxbrüder und Fechter des h. Veit gegen einander auftraten und bei ihrem Wettkampfe um die Gaben, zugleich um

---

Stöber, Jahrg. 1853: Die unterbrochene Fechtschule, ein Sittenbild aus dem 16. Jahrhundert, von Schneegans, S. 183.
[1]) Aug. Vischer: Tractatus duo juris duellici universi. Jenae 1617, 479 sq. [2]) Ort, d. i. Ende, Spitze; verboten sind also Stöße mit der Spitze des langen Schwertes, wie Stöße mit dem Schwertknopfe in das Gesicht. — „Einlaufen", d. i. Fassen des Gegners zum Ringkampfe. — Armbrüche, wie Griffe in die Augen, kommen in den alten Ringhandschriften öfters vor. [3]) Denke hinzu: wenn ich diese (die Fechtmeister trugen eine Stange als Zeichen ihrer Würde) zur Unterbrechung eines zu hitzigen oder etwa unredlichen Kampfes vorhalte. Schon bei den Turnieren kommt eine ähnliche Verwendung der Stange vor; der alte Ausdruck: „ich ger (begehre) der Stangen" hat den Sinn: ich bitte um Schutz gegen meinen Gegner, ich bin besiegt.
[4]) Gumpelzhaimer hat diese Stelle in seine Schrift: Gymnasma. de exercitiis Academicorum, Argentinae 1621, S. 172, mit folgenden kleinen Abänderungen aufgenommen: auff dieser meiner Fechtschulen —; Gemächstoß —; alle andere vnredliche stück —; vnter noch ober —; auff dieser meiner Schul —; wo er fug vnd recht darzu hat zc. [5]) Pommers al. Bugenhagen, Sammlungen histor. Merkwürdigkeiten, S. 181.

den Ruhm der eigenen Genossenschaft stritten, so war es, wie wenigstens Pommer-Bugenhagen — und er hat seine Kunde von diesen Dingen aus dem Munde von Fechtmeistern selbst — berichtet, bei Fechtschulen, wo die eine Genossenschaft an Fechterzahl der anderen von Anfang an nachstand, ritterliche Sitte, aus den eigenen Leuten die Zahl der Gegner zu ergänzen. Bugenhagen's Worte sind: „Bey den aufgeschlagenen Schulen probirt eine Brüderschaft die andere in den ritterlichen Exercitien, nachdem eine Parthei die andere dazu eingeladen gehabt. Wofern es sich aber etwa zuträgt, daß bey einer dergleichen Kampfschule z. E. mehr Marcusbrüder als Freyfechter zugegen, so pflegen jene die Zeit über zu diesen zu treten, damit die Partie egal sei, jedoch renunciren dieselben nach geendeten Exercitio wieder, und verfügen sich zu ihrer ersten Gesellschaft; Und also halten es bei dergl. vorfallenden Gelegenheiten die Freyfechter ebenfalls." (S. 186.)

Erscheinen auf öffentlichen Fechtschulen bisweilen auch Studenten als Wettbewerber um den in Aussicht stehenden Geldgewinn (vergl. S. 14), so hält Gumpelzhaimer dafür, daß nur bei Geldverlegenheiten, etwa auf der Reise, ein solches Auftreten der Studirenden sich entschuldigen lasse.[1]

---

[1] G. Gumpelzhaimeri Gymnasma etc. ed. Moscherosch, Argentinae 1652. p. 252: »Tertiam speciem palaestricae, scilicet *Athleticam* vitiosam dixi, ratione studiosorum, quibus lucri causa certare, in pecuniam a spectatoribus projectam pugnare, corpusque prostituere certe ignominiosum, ita ut per hoc et famae et nominis opinionem abjicerent et perderent nisi indigentia pecuniae et numorum, quibus ad iter perficiendum inprimis longius, opus habent, necessitas cui lex non posita premat. Hujus rei exempla memorare facilimum foret, sed ea supprimo.«

I.

Original-Beschreibungen von Fechtschulen der Marxbrüder und Federfechter.

1. Die Fechtschule auf dem Schießen zu Zwickau im Jahre 1573.

Bürgermeister und Rath der Stadt Zwickau hielten ihrem Landesherren, dem Churfürsten August von Sachsen zu Ehren, im August 1573 ein Schießen mit dem Stahl, d. i. mit der Armbrust. Markgraf Georg Friedrich von Ansbach hatte mehr als 40 Fechter, deren jedem er einen Thaler verehrt, auf das Schießen entboten; am 24. August ziehen sie — Jeder ein Mann — unter Trommelspiel in Zwickau ein, wo ihnen des Churfürsten Fechter von der Feder Widerpart halten sollten. Am zweiten Festtage, den 26. August, beginnt nach dem Mittagessen das erste Schaufechten, dessen Abhaltung einem der Sächsischen Fechtmeister vergönnt war. Benedict Edlbed, Pritschmeister, und seines Handwerks ein „Eiber", (d. i. ein Siebmacher) schildert diese Fechtschule [1]) wie folgt:

Da ist des Churfürsten Laden komen	Lang spies, Dysacken [2]) vnd auch schwert [3]),
Melchior von Birn er sich nent,	Hälleparten vnd halbe Stangen,
Ein frey Fechter vnd so behendt,	Tollich, vnd was noch ist abgangen,
Mit seiner Faust gar gschwind vnd rundt,	Ein par Dysack von Leder gmacht,
Vnd dem war da ein schuel vergunt,	Die wurden auch auff den plan gbracht,
Zu halten frey auff dem Schießplan,	Dergleichen waren auch Rappir,
Vor Fürsten, Herrn vnd jederman	Ein schöns Paratschwerdt, glaubet mir,
In mancher Ritterlicher wehr,	Daran war gar ein schöner Krantz,[4])
Vnd wie man sie het gebracht her,	Wer sein haut wolt wagn in die schantz
Vnd was noch mehr darzu gehört,	(Bl. 81 b.)

---

[1]) Ordentliche vñ Gründtliche beschreibunge des grossen schiessen, mit dem Stahl oder Armburst — in der löbl. Churf. Stadt Zwickaw, d. 25. Augusti angefangen — Reimweis gestelt vnd gefast Durch d. Ertzhertzog Ferdinanden zu Osterreich Britzschmeister, Benedict Edlbed Siber 1574. Gedruckt zu Dreßden." Die Vorrede ist unterzeichnet: „Dreßden den 25. Januarij, Anno 1574." Dem Exemplare der Rathschul- oder Stadtbibliothek zu Zwickau, dem ich die Beschreibung des Zwickauer Schaufechtens entnommen, ist ein anderes poetisches Werk Edlbed's vorgebunden, 24 Gebete als Akrosticha auf Vor- und Zunamen der Zwickauer Rathsherren d. J. 1573, mit einem gleichen Gedichte auf den Namen und Titel des Churfürsten. [2]) Böhmisch tesak; eine säbelförmige Holzwaffe mit einem Grifßloche für die Hand, der Ersatz des früheren „Messers", also kein „Tegen"; s. S. 9, Anmerk. 1. [3]) Das lange Schwert, der Beidenhäuster. [4]) Vergl. S. 9.

Vnd wer da was kund vnd hets glert,
Vo freyfechtrn obr meistrn des schwert,
Ober von anglobten Meistern,[1])
Die sollen da auffheben gern,
Vnd solln Fechtn nach Ehren werth,
   Nach inhalts brauch des langen schwert
Aus halber vnd auch langer schneidt,[2])
   Und wies die kunst mit bringt vnd geit,[3])
Alle falsche stück das jhr wist,
   Das auff leinr Schuel nit breuchlich ist,
Das sol auch da vorbotten sein,
   Knopff vnd auch orth zulauffen ein,
Vnd all andre vnredlich stück,
   Die solt man da lassen zurück,
Es sol für Fürsten vnd auch Herrn,
   Euch rechter schutz gehalten wern,
Es sey wers woll, gros oder klein,
   Dem soll auch da vorbotten sein,
Vber die Stange nicht zu schlagen,
   Auch nicht darunter, thu euchs sagen,
Es solln all Fechter wissen das,

Auff meiner schuel kein neid noch hass,
   Zu tragen aus, wie er wer gnendt
Man hat wol ander ort vnd end, (82a)
   Da jrs kündt thun,[4]) merckt was ich meldt,
Der Churfürst gibt zuuor[5]) auch geldt,
   Als offt einer ein schlagen thut,
Auff die höchst Röhr,[6]) vnd das es blut,
   In der wehr das zeig ich euch an,
Dem wird so offt vier Gülden zu lohn,
   Drumb hebt auff[7]) last die wehrn nicht feirn,
Es sol da kein sein Haubt nicht thewrn,[8])
   Wann er schon wird darauff geschlagen,
Darff darumb nit so bald vorzagen,
   Schmeist weidlich drauff, sehet wie jr thut,
Vnd mich auch mit, hab noch jung blut,
   Ich heb auff vnd führ gar kein bracht,
Wer mir ein von der feder veracht,
   Vnd macht sich wider die gerüst,
Den wil ich bstehen wie wild er ist,
   Schwing dich Feder sich wie man thut,
Schreib gern mit dintn, die sicht wie Blut.

Also hat man auffgehebt.

Nachdem so hat man auffgehoben,
   Auff beiden seitten vnten vnd oben,

Da giengs frey zu, wer da het lust,
   Dem gab man da nicht viel vmb sunst.[9]) (82b)

Folgen der Fechter Namen (83a) Welliche einer den andern geschlagen hat.

Melchior des Churfürsten Lockey,
   Elies Hans Eschbach in der stang frey,*)
Hans von Eschbach war noch so wert,
   Schlug Lauren Ernprecht in dem schwert,
Es hat Hans von Eschbach dermassen,
   Alexandern mit der Stang gstossen,
Georg von Leipzig sich wohl stelt,
   Schlegt im Dysaken Barttel Helt,
Barttel Helt der machts gar nicht lang,
   Schlug Georg von Leipzig in der Stang,
Barttel Helt fürchtet sich nicht sehr,
   Schlegt im Disäcken den Bütner,
Barttel Helt, was sol ich doch sagen,
   Den Bütner im Dysäcken thet gschlagen,

Der gute Hans von Eysleben,
   Thet Schwartzferbr im bysäcken eins geben,
Hans von Eysleben war so rundt,
   Den Schwartzferber er schlagen kundt,
Es kam auch Matthes von Wien her,
   Im Dysäcken schlug er ein Müller,
Da war vorhanden Caspar Strauch,
   Schlug Georg vo Eger im Dysäcken auch,
Caspar Strauch het noch glück vnd fall,[10])
   Schlug Georg von Eger noch ein mal,
Hans von Eyslebn im Tisäcken mehr,
   Schlegt abermal den Schwartzferber,
Hans Beyr von Brixen thu ich sagn,
   Hat Mats vo Leipzig im Tisäcken gschlagn,

---

[1]) Vergl. S. 8. „Angelobte Meister" haben ihrem Lehrer angelobt, in spätestens zwei Jahren an dem Hauptsitze ihrer Gesellschaft sich die sog. Approbation holen zu wollen. Ob mit diesem Ausdrucke die Marxbrüder angedeutet sein sollen, deren Namen Gilbek nicht anwendet? [2]) Was wir jetzt den Rücken der Klinge nennen, hieß früher „halbe oder kurze Schneide." [3]) D. i. giebt. [4]) Ueber die sog. Befreiung der Fechtschule s. o. S. 10. [5]) zuvor, d. h. als „Bestes", als Gewinn. [6]) die höchste Ruhr [d. i. Berührung], ein Kunstwort für: Treffen des Kopfes. Fischart's Gargantua „focht vmb die höchst Blutruhr, vmb das Kräntzlin, vmb [zu Ehren] der Schul, ein Glaß mit Wein, [Turnzeitung von 1864, S. 354], wie es der Gesell an jhn begert, trocken oder Naß [blutig!], scharff oder stumpff, nackend oder bloß" — : die deutschen Fechthandschriften drücken den zuletzt gemeinten Gegensatz in den Worten aus „bloß oder in Harnisch". — In Fechter's: Thomas und Felix Platter (1840, S. 19) haut ein Reiter einem jungen Schüler mit dem Schwerte „zu rur am kopf anhi, das er im die schnier uff dem püntell zerhüw"; die Erklärung des „zu rur" mit „strack" trifft das Richtige nicht! [7]) Hebt die Waffen auf vom Boden. [8]) dauern. [9]) nicht ohne Zahlung mit der Klinge. [10]) Der Gegensatz von Unfall.

*) Die eingerückten Zeilen stehen in dem Originale auf S. 83 a, die anderen auf S. 82 b.

Peter Mastel ich euch jetzt meldt, (83 b)
Hat Conrat herman im Dysacken geschnellt (84a)
Bernhart von Freybergt war so wert,
Schlug dē Goltschmid im Langenschwert,
Dem schwartzferb hats glück zugetragn,
Hat den Jungblut im schwerdt geschlagn,
Der schwartzferber war erst lustiger,
Im Dysacken schlug er Eysleben sehr,
Bastel von München kam gegangen,
Schlug den Mülner wol in der stangen,
In dem kam ein Beutler hersühr,
Schlug den Rangiessr im Rappir,
Der Beutler wischt noch mehr daher,
Schlug Rangiessr im Dysacken sehr,
Es war noch so frisch der Beutler,
Schlug im Dysacken den Rangiesser,
Den Colman hacker ich euch meldt,
Im Dysacken schlug er Baltn Eschfeldt,
Man nent ein[1]) das klein schneiderlein,
Schlug Herman im dysacken sein,
Niclaus von Tacha gab ein schnappen,
Im dysacken einen Tuchknappen,
Der Christoff Arndt kam her gegangen,
Vnd schlug den Jungblut in der stangen
Peter Müller sprach jetzt sol ich,
Stossen Lentz schuchknecht im Dollich,
Simon heypach thet nicht brangen,
Schlug den Bütner in der stangen.
Es kam auch Donat von Görlitz,
Gab Fritz Bawr im Dysackn ein schmitz. (84 b)

Indem hat man platz müssen machen, vnnd was mehr wieder vorgenommen worden ist, wie man platz gemacht hat.

Als ich dem fechten auch zusach,
Hört was mir doch alda geschach,
Es war so gar ein gros gedreng,
Das zu letzt war der platz zu eng,
Man stieß eins hin, das ander her,
Das schier zu eng zum fechten wer,
In dem kompt einer auff den plan,
Das war der Trabanten Hauptman,
Der Ernvest Christoff Janmacher,
Vnd wolts lenger nicht leiden mehr,
Derhalbig jm fürgnommen hat,
Platz zu machen an dieser stat,
Kriegt ein Dysacken von Leder gmacht,
Vnd hat sich da nit lang bedacht,
Er wischt vnder das Volck hinein,
Vnd schlug also mit grimmen drein, (85a)
Er schmitet zu ohn alls geseht,
Vnd kam gleich hinder mir auch her,
Traff mich so weidlich vbern rücken,
Das ich mich muste darnach bücken,
Sah mich vmb was da wern die sachn,
Ich rieb die Lenden, er thet mein lachn,
Es schmirtzte mich im meinem gwissn,
Russts han als het mich ein hund gbissn,[2])
Dacht mir warumb willst stets vorn stan,
Man hats andern wol auch gethan,
In dem man wider schiessen thet,
Bis das volck sich verloffen het,
Als nun gnug platz vorhanden war,
Kamen die Fechter wider dar,
Vnd fochten dapffer aus der Kunst,
Mancher kriegt ein schnappe vmb sonst. (85 b)

Die Fechter giengen wider zsammē, (86a) Nicht anders wie die bösen Hanen.

Caspar strauth schlug auch den Bernhart,(85 b)
Im Dysacken trefflichen hart. (86 a)
Melchior vō Gawer hat Lorentz gschlagen
Im Dysacken das mus ich sagen,
Asmus der kam von Nürnberg her,
Vnd schlug im Dysackn ein Sporer,[3])
Baltzar Barth that ein freyen gang,
Vnd schlug den Goltschmit in der stang,
Bastl von Höchstedt hat auch gefecht,
Slug Hans von Lignitz im dysacken recht,
Bastl von Höchstedt kam hin gegangen,
Schlug Lorentz schuchknecht in d' stangen,
Hans Rader, der magts hewr als fert,[4])
Schlegt Thomas sperling in dem schwert,
Georg von Eger, schlug heinrich goltschmid
Im Dysackn vnd fehlt seiner nicht,
Melchior von Gawr der thet das endten,
Schlug im Dysackn ein Studenten,
Der Student thets da niemandt klagen,
Im Dysackn thet Melchern wider schlagn,
Hans vō Brixen, dē Mats vō Wien schleht,
Im Dysacken auffricht vnd recht,
Hans von Lignitz der kam gegangen,
Schlug den Goldermacher in der stangen,
Bernhart het des fechten nit gnug,
Den Studentn im Dysaken schlug,
Hans von Espach der hat geschlagn,
Melchern Lockey das mus ich sagn,

---

[1]) Lies: einen (Fechter). [2]) Von „Lederen Dusadē zum Platzmachen" redet auch Fischart in seiner „Geschichtklitterung" (klittern = [Tinten-]Kleze machen), 27. Cap., S. 185 der Ausg. von 1600. [3]) Sporenmacher. [4]) Heuer (dieses Jahr) wie im vorigen Jahre.

Vnd hat jn also hart verwundt,
 Das er die Schnel nicht auhalten kund,
Es kam das klein Schneiderlein her,
 Schlug ein Goltschmid in der stang sehr,
Welcher von Gawr der kam herfür,
 Vnd schlug Jungblut in dem Rappir,

Welcher von Gawr schlug Caspar strauch,
 In dem Dysacken zimlich auch,
Aßmus vnd Spörer giengn zusam,
 Doch einr vom andern vngschlagn kam.
Als diese Fechtschul hat ein endt,
 Hat man sich widr zum schiessn gewendt. (86 b)

Am 27. August fand eine zweite Fechtschule statt, zu der die Trommel zusammenrief. Markgraf Georg Friedrich vergönnte an diesem Tage seinem Trabanten Hans von Eschbach — daß er ein Marxbruder gewesen, erfahren wir von Edlbeck nicht —

Ein ehrlich Fechtschul den Fürstn zu ehrn,
 Inn allen Ritterlichen Wehrn,
Er hats kurtz zuuorstehen gebn,
 Wer nur lust het, solt da auffhebn,
Er hat in dem verboten auch,

Was zuuorbitten ist der brauch,[1]
 Also haben sie auffgehaben,
Zu beyden seitten vntn vnd oben,
 Vnd weidlich auff einandr strichen,
Wie ich jzt thu dauon berichtn. (107 b)

Hans Reuter der kam fast gegangen, (107 b)
 Vnd schlug den Bartel in der Stangen, (108 a)
Peter Müller den ich wol kenn,
 Schlug einen den ich Sebaldt nenn,
Merten Starck ließ nit sein brauch,
 Schlug Aßmum im Dissacken auch,
Peter Müller des Churfürsten Trabant,
 Mit Lorentz Schulknecht merckt zu handt,
Gingn zsamen auff den Neundtn gang,
 Jeder starck auff den andern drang,
Aber keiner dem andern nichts gethan,
 Wie gern sie wolten, mustn ablan,
Vnd solches in der Stangen gschach,
 Vnd musten also lassen nach,
Matthes von der Reiß kam gegangn,
 Vnd schlug den Goldschmid in der stangn,
Matthes von der Reiß thet noch warten,
 Schlug den Schreiner in der Helparten,
Matths von Wien, der kam einher bar,
 Schlug Kannengiesser das ist war,
Im Dissacken ist es geschehn,
 Das hat auch mancher wol gsehn,
Der Peter von dem Kupperbergl,
 Schlug aus der kunst, nit aus der sterck,
Ein Müllner hab ich recht vernommen,
 Im Dissacken hat ers bekommen,
Georg von Leipzig vnd der schlug,
 Im Dissacken mit guttem fug,
Augustin von Lignitz hat gschlagn
 Den Hans von Brixen mus ich sagn,
Ja im Dissacken das geschach,
 Nit weis ich wie ers vbersach,

Burckhardt von Gerßbach der schlug dar,
 Traff Matts von Leipzig das ist war,
Im Dissacken hat ern geschlagn,
 Es hat sich nicht anders zugetragn,
Im Dissacken hat Bartel Heldt,
 Den Georg von Eger geschneldt,
Hans von dem Hoff, der kam auch her,
 Im Dissacken schlug den Schneider,
Georg von Liba, kam auch damit,
 Im Dissacken schlug ern Goldtschmidt,
Der klein Schneider sich gar wol helt,
 Hat sich so wol inn possen[2] gßeldt,
Er ist mit einem stück gegangen,
 Vnd stieß den Goldschmidt in der stangn,
Den Rickel Dacha, zeig ich an,
 Vnd den Schreiner die habn gethan,
Zwölff geng das melde ich itzundt, (108 b)
 Vnd keiner den andern treffen kundt, (109 a)
Mit dem Dissacken das geschach,
 Sie musten beyde lassen nach,
Von Reichenbach kam auch der Paul,
 Der war mit seinen streichn nit faul,
Schlug im Dissacken den Balbirer,
 Es schadt jm nit, heilt sich wol selber,
Lorentz von Bamberg schlug auch mehr,
 Im Dissacken den Tuchmacher,
Der Bernhardt von Freiberg der Stadt,
 Mit Lorentz von Bamberg than hat,
Neun geng, das thu ich euch zu kundt,
 Keiner den andern nit verwundt,
Im Dissacken geschachs der massn,
 Vnd mustn bedt von einander lassn.

Ende der Fechtschuel.

---

[1] In seiner „Befreiung" der Fechtschule; vergl. S. 13. [2] Figur (Positur).

(Fortsetzung von 109a). Anhang.

Also seind die Fechtschuln geschehn,	Hat man das beydes außgegebn,
Es soll einr gern haben zugesehn,	Es ward auch mancher also gschlagn,
Dem die Püff, nit sein angegangn,	Vnd hat dennoch sein gelt weg tragn,
Aber mancher hats wol empfangn,	Den hat es wol mögen vordrießn,
Geldt vnd auch schleg bis mal darnebn,	Also fing man widr an zu schießn." ¹)

2. Die Fechtschule auf der fürstlichen Hochzeit zu Stuttgart i. J. 1575.

Treten in den Schaufechten der Jahre 1509 und 1560 (s. oben S. 3 und S. 4) Fechter ohne weiteren Zusatz uns entgegen, und fehlt der Beschreibung der Zwickauer Fechtschule der Name Marrbrüder — anstatt Federfechter lesen wir auch nur Fechter von der Feder — so kommen dagegen die Bezeichnungen Marrbrüder und Feberfechter in einer Beschreibung derjenigen großartigen Fechtschule vor, die bei den Feierlichkeiten der Vermählung des Herzogs Ludwig von Württemberg mit einer Markgräfin von Baden im November 1575 zu Stuttgart, neben den Ritterspielen des Turnierens, Ringrennens u. s. f. veranstaltet wurde.

Der Dichter Frischlin hat die Hochzeit des Herzogs Ludwig mit Dorothea Ursula von Baden in einem sieben Bücher umfassenden epischen Gedichte in lateinischen Herametern besungen; nach Besichtigung der Orte, an denen die Feierlichkeiten stattgefunden, und nach weiterer persönlicher Erkundigung, ist dann auf Frischlin's Wunsch dessen lateinisches Heldengedicht von dem Schulmanne K. Christ. Beyer in's Deutsche übertragen und stellenweise vermehrt worden.

Lassen wir uns nun von Beyer (S. 415 u. f. seines Buches) die Vorgänge auf dieser am 8. Tage der Hochzeits-Feierlichkeiten abgehaltenen Fechtschule schildern:

²) Nach dem der Fürst von Würtemberg*)	Da zogen in der Ordnung her
Vollendet hett zu Roß das Werck,	Jung Knaben, jeder trug ein Wehr,
Das Ringlinrennen war volbracht,	Mit den man wolte fechten eben,
Außtheilt die Schencken obgedacht,	Ein ander gute Kappen⁴) geben.

---

¹) Vergl. auch G. Freytag: Neue Bilder aus dem Leben des deutschen Volkes, 1862, S. 147. ²) Frischlin's Gedicht ist zu Tübingen bei Georg Gruppenbach im J. 1577 gedruckt worden; Beyer's Uebersetzung erschien ebenda 1578. ³) Zur Vergleichung folgen hier aus Frischlin's 7. Buche (»Gladiatorium seu Gymnicum certamen«) die Verse:
  Postquam finierat pugnas Ludouicus equestres,
    Et cursus confecti omnes, ac dona peracta:
  Protinus in lati succedunt aequora campi,
  Armati ferro pugiles, delecta iuventus
  Gymnasijs passim, studioq; addicta palaestrae.
  Hos geminae dirimunt acies: quarum vna Georgum
  Percolit, antiquum sequitur pars altera Martem.
  Hos vulgo Catios, illos cognomine dicunt
  Pennigeros: volucres quod iactent aëre gestus.
Ueber Frischlin's Irrthum, daß die Federfechter zu ihrem Schutzpatron den H. Georg, die Marrbrüder den „alten Mars" gewählt hätten, vergl. S. 8. — S. 158 verbessert sich übrigens Frischlin selber mit den Worten „pugiles a D. Marco cognominati, vulgo Marrbrüder", während ihre Gegner „pugiles a penna cognominati, vulgo Federfechter" heißen. ⁴) Kappe sagt man in Süddeutschland noch anstatt Mütze; der oft vorkommende bildliche Ausdruck bedeutet: auf das Haupt schlagen.

Randbemerkung: *) „Die Fechtschul." Im Original sind die 2ten Zeilen nicht eingerückt.

Bald die Fechtmeister volgten nach,
Sunst Fechter, den dar zu war gach,
Die wurden abgetheilet frey
Fein ordenlich in zwo Parthey.
Die ein, Sant Jörg war jr Patron,
Die ander will Sant Marxen hon. (S. 416)
Je eine ist der andern gram,
Ein gibt der andern jren nam:
Die Marxbrüder nennens die Katzen,
Die Kützner¹), die sehr bösen Fratzen.
Die ander diese von der Federn,
Die in dem Lufft die Arm herwedern.²)
Hertzog Ludwig verordnet hatt
Zwen Platzmeister auff³) diese statt,
Die von jr Fürstlichn Gnaden wegen
Da solten haben Macht vnd mögen,
Wo Zanck sich zutrüg, den zustillen,
Nach jrm Vrtheil, Verstand vnd Willen.
Eim jeden geben auch sein Lohn
Nachdem er hett sein bests gethon.
Der ein erwehlet zu der sach
Der ware Herman Ochsenbach,
Vnd Johann Vogel, beid genanten,
Hauptleut obers Fürsten Trabanten,*)
Darzu darneben beide sunst
Erfahren wol in der Fechtkunst.
Der Fechtmeister⁴) sich bald auffthat,**)
Warff auff sein Arm vnd Schulterblat.
Bald auff den Fechtplatz einher gieng,
Thet gewaltige hohe Fechtsprüng.
Jetz sich auffstreckt, jetz nider buckt,
Bald beide Arm in Höhe zuckt,
Jetz sprange auff die beide Seitten,
Jetz ober sich, jetz in die weiten,
Jetz vbernander warff die Hend
Mit gantzem Leib geschwind behend.
Die Arm schlug in die Lüffte hin,
Gantz freudig, mutig, in seim Sin. (S. 417.)

Darnach in Ordnung leget her***)
Auff weitem Platz alle die Wehr,
Schwert, Stengle, Dolchen, lange Spieß,
Tuseden, Hellebarten gewiß.
Dennach außruffet guter maßen,
Die Wehr soltens nit feyern laßen,
Mit worten also ruffen thet. †)
Wo jemandts were der lust hett
Zufechten, es wer mit dem Schwert;
Es wer vmb Gelt oder Geltsworth,
Vmb guter Gsellschafft, oder just
Zu thun ein Gänglin hett ein lust,
Der heb auff, geh nit lang vmb leiren,
Rüst sich, vnd laß die Wehr nit feiren.
Auch höret mich, sprich ich, weiter
Vnser Gnediger Fürst vnd Herr
Hat vns, mir das für Warheit glaubt,
Auff diesen Tage heut erlaubt,
Ir Fürstlichen Gnaden zu Ehrn,
Zufechten hie mit diesen Wehrn.
Doch ob jr einer oder mehr⁵)
Auff dieser Schul vorhanden wer,
Die alten Haß, feindschafft vnd Neid
Gefasset lang vor dieser Zeit
Zusamen hetten, sollen wißen,
Gedencken, vnd druff sein geflißen,
Daß sies allhie nit wölln außtragen,
Also auß Neid einander schlagen,
Auß Feindschafft oder Mißvergunst,
Sonder auß Ritterlicher Kunst
Da fechten, wie es ist der Brauch,
Ohn Gifft vnd Gall. Daneben auch (S. 418)
Soll gentzlich hie verbotten sein
Spitz oder Knopff, auch lauffen ein,
Das thu ein jeder hie vermeiden,
Auff vnser Schul wölln wirs nit leiden.⁶)
Vnd schont einander nur der Feust,
Einander zwüschent Ohren schmeißt,

---

¹) Den Irrthum des Grimm'schen Wörterbuches, daß allein das Kürschnerhandwerk feiner Fechtergesellschaft sich angeschlossen, habe ich schon in der Turnzeitung von 1864, S. 354, berichtigt. ²) wedern braucht Beyer oft für wehen. ³) Gedruckt steht: auff. ⁴) Von dem Fechtmeister, »Panopleus, princeps pugilum et summus palaestrites«, sagt Frischlin:
    Poplite nunc varo nidens, nunc ludicra forti
    Corpora collidens saltu: geminata, rotata,
    (p. 157) Multipicata; manus: et verberat ictibus auras.
    Ordine deinde locat densa cuncta arma theatro.
    Hastasq; ensesq; iliceaq; e robore sicas.
    Populusq; sudes, vna Aemathiasq; bipennes
    Tum logero arma iubet, sumptisq; occurrere telis.
⁵) — sed nulli hic nectere fraudem
    Fas erit, aut alta impridem mente repostum
    Exercere odium. ⁶) Vergl. S. 10 u. 13.
    Randbem.: *) Oberste Platzmeister vnd Regenten der Fechtschul, Herman Ochsenbach, vnd Hans Vogel, der Trabanten Hauptleuth. **) Fechtmeister. ***) Niderlegen der Wehr. †) Fechtmeisters außruffen.

Da das schwartz Haar am dicksten steht,
  Biß der rot Safft herausser geht,
Vnd trefft mich auch zwischen die Ohrn,
  Es soll bey mir drumb sein kein Zorn...
Ein Sprung thet in die Höch darnach
  Mit seinem Stenglin, vnd so sprach:
Wolher, wol her, frisch frey zu mir,
  Vnd zwägstu mir, so schir ich dir.¹)
Bald machten sich herfür die Gsellen,
  Die in den Wehrn hon fechten wöllen.²)
Der Hirnkopff, Peter Schwend den Spieß,*)
  Der sprang herfür, weus gleich verdrieß,
Der gewaltig Fechter Haw in Schilt,
  Vnd der mit dem Thusecu wildt,
Der Schweins Hans, vnd der Hiltebrand,
  Der zuckt die Kling gar wol bekant,
Der allethalb am Leibe war
  Gantz raw vnd schwartz von dickem Haar,
Der Kühhirn mit dem langen Schwert,
  Gar weit berhümet, hoch vnd werth,
Vnd der lang vierschrötig Steinmetz,
  Der sich herfür thete zuletzt.
Auch sunst noch mehr jr füllher kamen,
  Noch vnbekant mit jren Namen,
Die huben all mit gmeinem Hauff
  Mit Freud vnd Hitz die Wehre auff. (S. 419.)
Vnd wart ein jeder auff sein Man,
  Ein Genglin mit jme zuthan.
Jeder gedacht mit seiner Wehr
  Mit Frewden einzulegen Ehr.
Darneben doch der ander Hauff
  Wolt nit recht dran, noch heben auff.
Derwegen man zum andern mal

Rufft offentlich auß oberal.
  Was steht jr vnd verzicht lang eben?
Hebt auff, wölch wöllen hie auffheben?
  Solln wir lang warten?³) Wo ist nun
Der Meister, der sich dorfft außthun
  So vieler Streich? Ick kum er her:
Ja wann es mit dem Maul nur wer.
  Wol her, wol her, die Wehr greifft an,
Es würdts nit nur mit Worten than.
  Solchs dachten auch die andern Knaben,⁴)
Die all schon hetten auffgehaben,
  Vnd wurden jres Mans begern,
Sich gegen jm freudig zuwehrn.
  Da kamen auch her allgemach
Zur Wehre griffen bilden nach
  Die Margbrüder, der ander Hauff,**)
In Gottes Namen huben auff:
  Veit Knüpffbart, Peter Katzengraw,
Cuntz Greuwol, der schon murret da
  In grimmem Zorn, vnd der Heintz Kall
Gar schrödlich vnd scheutzlich zumal.
  Der Kraußhaar, vnd der Wedelschimpff,⁵)
Auch da auffhuben mit gelimpff:
  Der ein ein Flemming freudig gar
Ein weit bekanter Fechter war:
  Der ander so auffheben ward,
Hett rotes Haar vnd roten Bart:
  Der schrödlich Schilbock, vnd der Strauß,
Machten viel Spiegelfechten⁶) krauß,
  Vnd sunst noch viel der andern mehr,
Die auch auffhuben jre Wehr.
  Erstlich der Hirnkopff haben wolt,***)
Ein jeder von jm legen solt

---

¹) d. i. und wäschst du mich, so schere (barbire) ich dich. ²) Die erdichteten Namen lauten bei Frischlin: Protinus accedant socij Phidolus, et hasta
  Fortis Abas, Pterelasq; et sica fortis adunca [sica: der Tesa!]
  Pyragathus, Doryclasq; et pilis asper Aconteus,
  Et gladio melior Phegeus et Latoinus ingens:
  Et quos obscurae tacet ignorantia plebis.

³) — vbi nunc manet illi magister
  Necquicquam Mauors memoratus? an ille fatiscit
  Ventosa in ligna, pedibusq; fugacibus istis?

⁴) Pennigeri haec eadem cuncti simul ori fremebant:
  Exoptantque viros, contraq; occurrere poscunt.
    Cum tandem densis olli thoracibus adstant
  Muniti, et caestus audent attollere contra,
  Jphitus, Aelurusq; ingens, vastoq; Creillus
  Murmure, et atroci Rallas asperrimus ore:
  Et Crispus, Flandro notus gladiator ab agro
  Et rufus crines, barbamq; informus Alalleus,
  Terribilisq; Idas, tractandaq; impiger hasta
    Pheudimus: atq; alii, quos fama obscura recondit (p. 159).

⁵) Wendenschimpf, d. i. der den Scherz wendet, von ihm abläßt. ⁶) d. i. Scheinfechten, Lufthiebe u. dergl.

  Randbem.: *) Die Fechter von der Federn. **) Die andere Fechter, die Marxbrüder oder Kürsner. [S. 17, Anm. 1.] ***) Entblößung der Arm mit hinlegung Rock vnd Wammes.

Rod, Wammes, was gedoppelt ist,
  Das thet er selbs angehnder frist,
Den andern ein Exempel gab,
  Daß jeder sein Kleid leget ab,
Entblößet sich, vnd thet sich auß,
  Darzu gezwungen in dem Strauß,
Vnd giengen mit den Wehrn zusamen,
  Bis sie hart aneinander kamen.
Nachdem ein jeder seinen Man *)
  Hett gnommen für, den er wolt bstahn,
Vnd erstlich eh sie alle worn
  Erhitzet in flammendem Zorn,
Noch keiner wuste in der nehen,
  Wie er sich soll zum Feind versehen,
Einander winckten, freundtlich sachten,
  Versuchten sich, vnd wol bedachten,
Einander nur zeigten die Streich
  Noch sittig, freundtlich, linb vnd weich,
Vnd brauchten fein mit Armen flück
  Etlich Ritterlich künstlich stück,
Auch Streich vmb Streich, darzu verketzten,
  Mit langer Schneid die Schwerter wetzten.
Ein Streich seur auff den andern gieng,
  Daß mans hort oberlaut, kling, kling. (421)
Brauchten der Meisterstück gar viel,¹)
  Vnnd etlich Häw scharpff vnd subtil: **)
Den Zornhaw, vn auch den Krummhaw,
  Zwerchhaw, Schiller vnd Scheittlerhaw,
Wunder versatzung vnd nachreisen:
  Durchwechsel, oberlauff auch heissen.
Auch schneiden, hawen, stich in winden
  Abschneiden, hengen vnd anbinden.
Auch brauchtens die vier Leger klug,
  Alber, Tag, Ochse, vnd den Pflug,
Vnd sunst noch mehr in dieser sach,
  Da jmmer eins das ander brach.
Ein jeder Fechter hatt sein gmerck
  Auff die vier Blöß, auff schwech vn sterck,
Allmal warnam der höchsten Khur,
  Sein Zorn selbs brach vnd zeumen wur.
Also brauchten sich zwen vnd zwen:
  Je Streich für Streich zusamen gehn,
Gleich wie erstlich zwen Böck zwen grossen
  Einandern mit den Hörnern stossen,
Die Stirnen doch vnder sich bucken,
  Vnd in dem Stossen hinweg zucken,
Biß das der Zorn jn kumpt in Kropff:
  Zusamen stossen Kopff an Kopff:

Auch Stirn an Stirn zusamen knallt,
  Bis einer gar zu Boden fallt:
Also die Fechter erstlich zwar
  Subtil auß Kunste fochten gar,
Biß sie seind wütend grimmig worn,
  Vor h:tzigem flammendem Zorn.
Des woltens brauchen schier Kampffstück,
  Einander weissen auffs Genick (422)
Brauchen Beinbrüch, böß Stoß, Armbrechen,
  Auch Fingerbrüch, vnd zum Gsicht stechen,
Daß es gar offt war wehtens not,²)
  Daß nit blib einer ettwa todt.
Dann da gar balde vberwandt
  Der starcke Meister Hiltebrandt
Den Straussen gleich in dem Anfang,
  Gantz vhrplötzlich im ersten Gang,
Dann ehe der Straus, in dem er secht,
  Sich kaum hett vffgerichtet recht,
Mit Augen vmb sich sehen wolt,
  Wie er sich dißmals wehren solt:
Der Hiltebrand jm traff das Gsicht
  Daß er mehr kont gesehen nicht,
Darzu verwundet wurde hert
  Durch Hiltebrandes bloß Fechtschwert.
Von stunban der verwundte Strauß
  Nit mehr wolt fechten vnd tratt auß,
Das Schwert warff hin gantz vngfug,
  Den andern Gang zuthun abschlug:
Weil er so hefftig war verwundet,
  Da wolte auch zu diser stundt
Der Hiltebrand kein Gang mehr than,
  Noch fechten mit eim andern Man.
Der Durchleuchtige Fürst vnd Herr
  Von Würtenberg, vff jedes Wehr
Ein Summ Gelt legte, darumb solt ***)
  Ein jeder fechten wer da wolt.
Vier Gulden hett eines zuwarten
  Im Spies, Thujeden, Helleparten,
Im Stenglin, Dolchen, auch darneben
  Rappir, galt in den Wehrn gleich eben (423)
Darneben legt der Hertzog werth
  Sechs Gulden auff das lange Schwert.
³)Doch deß der keiner nehm ein Gab
  Zuuor vnd eh, dann so er hab
Sein Gegensechter wund gehawen,
  Deß menigklich das Blut mög schawen,
Oder sunst jne redlich troffen,
  Daß der rot Schweiß sey von jm gloffen.

---

¹) Aus dem „Fechtspruch" von Hans Sachs; s. unten Rösener's Gedicht von der Fechtkunst. ²) Vergl. S. 10 und 13. ³) — nec munera quisquam
Victor habet, vulnus nisi crudam inflixerit hosti. (S. 159.)

Randbem.: *) Die ersten Geng der Fechter. **) Etlich Meisterstuck vnd Häw auß rechter Fechtkunst. ***) Was für Gaben vff jedes Wehr gelegt worden.

Das thet die Hertzen machen zittern,
Vnd vbereinander verbittern.
In grossem Zoren einer brannt
Auff den, den er zuuor nit. kannt.
Wurn auff einander so entwicht,
Gegnander also hart verpicht,
Daß keiner war des andern Freundt,
Die vor gut Gsellen gwesen seindt.
O Gelt, o Gelt, o Gelt, o Gelt,
Wie gwaltig regierstu die Welt?
O Silber weiß, o rotes Goldt
Wie ist dir Mann vnd Weib so holdt?
Im Sprüngen tratt Meister Hirnkopff,
Der ernsthafft, starck vnd gschwinde Tropff,
In dem auffheben frey daher,
Als wans ein starcker Riße wer,
Von Glidern breit, mächtig vnd groß,
Hub auff mit dicken Armen bloß
In disem Platz ein Helleparten,
Mit der des Feindes zugewarten.
Mit jr int Lüffte stach vnd sacht,
Vnd gar schön Spiegelfechte macht,
Vnd seines Gegenfechters wart.
Gegn dem hub auff der Veit Knüpffbart (424)
Als er sich hette außgethan,
Vnd seine Arm sah jederman.
Da stunden Arm vnd Schultern groß
Gantz frewdig allen Streichen bloß.
Als sie zusamen kamen beid,
Stundens fürwar auff ebner Heid
Im schritt steiff mit gebognen Knlen,
Vnd wolt keiner den andern fliehen,
Vnd auff einander wurn erhitzen,
Einander beid botten die Spitzen.
Mit den viel scharpffen Hellenbarten
Thet einer auff den andern warten.
Da sah mans beid einander essen,
Ob einer möcht den andern treffen
Lufft Stirn, oder ins Angesicht,
Keiner des andern schonet nicht.
Gar tieff sich alle beide buckten,
Die Köpffe zuckten, vnd sich buckten,
Damit jeder so hütet sich,
Dem Stich vnd Streich geschwind entwich.
Mit hellebarten sie sich beitzten,
Einander stieffen, vnd sich reitzten,
Vnd beide schnaufften wie die Beern,
Einander gern gewesen wern

Vbers Leder, gwaltig anfiengen
Vmb Kopff vnd vmb die Ohren giengen.
Der Hirnkopff gar erhitzigt ward,
Stieß mit gewalt die Helleparb.
Durch Schenkel vnd durch Hosen stach,
Daß gleich den Schenckel schlept hernach
Der Knüpffbart, daß er haut am Hüfft,
Da wurd er so ergrimbt, ergrifft, (425)
Daß er wolt wider mit jm dran,
Noch ein Gang mit dem Hirnkopff than.
Den andern Gang gieng gegn jm her,
Als wann jm schir gleich nichts drumb wer,
Vnd mit der Hellparten dar stach,
Im doch mißlinget in der sach.
Dem armen Knüpffbart an dem Endt
Gar bald empfielen beide Hendt.
Dann Hirnkopff jne also warm
Frey stache durch den lincken Arm.
Bald der vnseelige Knüpffbart
Schlept Hend vnd Füß, verletzet hart,
Gleich wie ein Gans, muß ich euch sagen,
Der ist ein Flügel abgeschlagen.
Von des zornigen Hirten Stab,
Mit jr her schlempt, weil er ist ab.
Des der Knüpffbart zog ab vorm Hag,
Gedacht: des fechtens ich nit mag.
Zwen ander sprungen bald daher,*)
Vnd griffen freudig zu der Wehr.
Beid huben auff im langen Schwert,
Ehr einzulegen jeder bgert.
Der eine der Kühhirn genent,
¹)So gwesen war vor ein Student,
Darnach sich halt auffs Fechten geben,
Ein Freyfechter war worden eben.
Gegn dem hertratt auff den Fechtplan
Der Kraußhaar, mit namen Herman,
Ein Flemming, gschwind, gerad, bewert,
Ein Meister in dem langen Schwert:
Der vielen Meistern lage ob,
Sein Prob offt thet mit Ehr vnd Lob (426)
Viel Meister offt hett vberwunden,
Die gegen jm sein gelegen vnden:
Hett nie keim gwichen wol besunnen,
Das Kräntzlein allweg hett gewunnen.
Auff diß sein Kunst sich lassen thet,
Vil Reden lauffen lassen hett
Auß Hochmut auffgeblasnem Pracht,
Den Kühhirn neben jm veracht,

---

¹) (Phegeus) — Musarum studijs castaeq; Minervae
Addictas quondam, nunc Herculis arma secutus,
Atq; Atlantiadae tractans pro more palaestram. — Vergl. S. 11 und 14.
Randbem.: *) Zwen Fechter mit dem langen Schwert auffs scherpffst zusamen gangen.

Alß ob er jm wolt abgewinnen,
Im wurde Mannes Muth zerrinnen,
Ehe er jm was beuor wolt geben,
Must jn eh kosten Leib vnd Leben.
Die beide nun zusammen tratten,
Ein wild Gefecht mit Schwerter hatten,
Vnd wolt keiner dem andern geben
Beuor, eh lassen Leib vnd Leben,
In diesem Kampff das Lobe haben,
Vnd solt er werden gleich begraben.
Zusamen eilten mit den Schwerten,
Einander drungen mit gar herten
Gantz ongefugen, scharpffen Streichen,
Ob sie einander möchten reichen.
Erstlich der Künhirn gschwind vnd klug
Auff den Krausshaar mit dem Schwert schlug,
Die Streich all Augenblick dopplirt,
Drang auff den Feind mit grosser Gird,
Hergegen Krausshaar wol versetzt,
Damit er wurde nit geletzt,
Sich hin vnd wider vmbher bog,
Den Streichen vmb den Kopff empflog.
Wie hefftig nun der Künhirn wüt,
Sich jener doch vorn Schlegen hüt,
(427) Mit der Versatzung allgmach wich,
Durch freie Kunst kont hüten sich,
Im weichen, doch schluge herwider,
Bis rhuweten die müde Glider.
Der Künhirn aber wart nit lang,
An Krausshaar her im andern Gang,
Dem liess er gar damals kein Rhu,
Mit Schlegen steet auf in drung zu:
Zusamen schlugen also hert,
Daß da erklingeten die Schwert.
Albeyd sie sich redlichen wehrten,
Einander dißmals wüst ablehrten.
Der eine sehr sich schemet eben,
Daß er mit Schanden solt nachgeben
Dem andern, macht die Hoffnung gut
In aller hitz erst Freud vnd Muth,
Schlug auff den Feind so durstiglich,[1]
Daß er must weichen hindersich.
Vnd war der Künhirn also wild,
Der Krausshaar nur die Streich auffhielt,
Versetzt, vnd hett sich gnug zu wehrn,
Daran sich Künhirn nit wolt kehrn,
Trung auff den Feind so ongefug,
So gschwind auß Krefften auff in schlug,
So mutig, kün, freudig, hertzhafft,
Verließ sich auff sein Faust vnd Krafft,
Auß Gschwind vnd Sterck in Hitz vnd Brunst,
Schlug zu, welchs heist die gulden Kunst,
So näh dem Feind war auff dem Dach,
Daß der Krausshaar schon wurd zuschwach.
Der Künhirn war jm vberlegen,
Daß Krausshaar jm nit möcht begegen.
Gleich wie das helle Wasser kalt (428)
Heraber auff die Felsen fallt,
Vnd widerspritzet an dem Stain
Den allethalb vmblaufft der Mayn.
Also der Künhirn hie auch eben
Den Krausshaar wurde gar vmbgeben,
Auff jne allethalb schlug zu,
Vnd liesse jm kein einig Rhu,
Schmeißt also starck auff jne bar,
In auff den Kopf schlecht ohngefahr
Da gleich das Haar am dicksten steht,
Daß der rot Safft hernacher geht:
Künhirn, du hast mich vberwunden
Bekenn ich dir, dann ich lig vnden,
(Der Krausshaar sprach) des gib ich mich,
Vnd dir die gab vnd Ehr zuspriech
Da kam mit dem Thuseden, schaw,*)
Der Fechter Peter Katzengraw,
Vnd focht daher gantz vnuerdrossen,
Im Spigelfächten macht schön Bossen,
In seinem Sinn zornig fürwar,
Der seines Hadwercks ein Kürßner war.
Gegn dem hub auff Hans Eisenbeisser,
Ein küner redlicher zuschmeisser,
Gantz frewdig, gschwind, hurtig vnd keck,
Der rumbher warff frey den Thused.
Die bald int Höhe sich auffstreckten,
Gegnander in das Leger legten.
Da schlug der Katzengraw hinein
Auß Zorn mit beiden Henden sein,
Auß allen Krefften, seelet schlecht,
Als einer der im Winde secht. (429)
Hans Eisenbeisser jm versetzt,
Dardurch er gar nit wurd verletzt,
Die Streiche sich nit liess erschrecken,
Sonder außschlug mit dem Thuseden,
Den er geschwind dem Feind warff für,
Vnd schlug wider mit heisser gir
Den Katzengraw auff seinen Schopff,
Daß jm das Blud rann von dem Kopft.
Als man den Schweiß sah rabher fliessen,
Das dann den Kürßner ward verdriessen:
Bald Eisenbeisser das wahrnam,
Das Lob er zu dem Gelt bekam,
Mit frewden rumbsprang auff dem Plan,
Als der da hett das best gethan.

---
[1] d. i. kühn. — Randbem.: *) Zusamen gehn zweyer im Thuseden.

Nun stache auch Rhum, Lob vnd Ehr
Fürwar den Augenstecher sehr,
Der grosse Mut vnd Mannes Hertz,
Daß er offt hell ohn allen Schertz
Das Kräntzlein offt gewunnen sein,
Der solt ein freier Fechter sein,
Tantzn lustlich, geschwind, bewehrt
In dem Thuseden, vnd im Schwert,
Das in offt meniglich wurd loben,
Im Stänglein jetz hett auffgehoben.
Gegn dem Kürßner auch hersprang
Gantz freudig mit der halben Stang,
So sunst der Schilbeck ist genent,
Gegen dem Augenstecher rennt:
Einander beide sie nachtrachten,
Im ersten Gang vergebens sachten,
Vnd waren beid einander gleich,
Keiner dem andern damals weich. (430)
Da es ans ander treffen gieng,
Der Augenstecher wüst empfieng
Den Schilbeck, stieß jm also warm
Das Stenglin in den lincken Arm,
Derselben jm so hart verwundt,
Daß jn entpfiele zu der stund,
Das Stengle auß der rechten Haudt,
Vnd jm das Blut herauffer rant,
Daß man es auff der Erden spürt,
Dn er war worden redlich gerührt.
Bald thet sich widerumb herfür*)
Der Hirnkopff auß Freud vnd Begir,
Weil er vor hatt das best gethan,
Vnd vberwunden seinen Man,
Drung auff Heintz Rallen kün vnd thum,
Hitz'g mit sein Tuseden krumm.
Jedoch weil er der Gwonheit hert
Nachfolget mit dem langen Schwert,
Facht er in Lufftte ohnbedacht
Auß Zornes Flamm, mit aller macht.
Gantz listig aber der Heintz Rall
Fürsichtig sich auff Seitten all
Rumb bog, vnd bucket sich mit list
Mit seiner Kunst geschwind, gerüst,
Die Strich auffhielt, vnd die empfieng,
Mit dem Thuseden zu entgieng:
Jetz roder, jetz dorthin sich bog,
Damit viel Streichen er empflog.
Jetz gar geschwind in diesem Strauß,
Manch Schlag vnd Löwe schlüge auß.
Heintz Rall hurtig in dieser sach
Dem Hirnkopff gschwind war ob dem Tach,

Vmbwindet auff der Höh, geschwind (431)
Dardurch der Hirnkopff gar erblindt,
Den bald Heintz Rall fürsichtig, klug
Mit dem Tuseck aufft Nasen schlug,
Daß jm der Safft hernacher gieng,
Jubluten hefftig er anfieng.
Bald er die Wunden hett empfangen,
Er wider fordert mit verlangen
Den Rallen, er solt widerumb
Mit jm ein Genglin thun kurtzumb:
Das jme da Heintz Rall abschlug,
Das Lob vnd Gwinnen dauon trug,
Vnd daucht sich sein hochmüttig gar,
Daß er damals nie troffen war.
Da streckt den Kopff in alle Höch **)
Der Vogel hoffertig vnd wech,
Ein newen Kampffe anzuheben,
Vnd hube auff im Dolchen eben,
Ob einer jne wolt bestehn.
Da wolt keiner herfürher gehn,
Ders Dolches sich annemmen wolt,
Dann Spitz vnd Knopff es gelten solt,
Vnd wolt niemands den Mann bestahn,
Des wartet er lang auff dem Plan.
Als aber gar wolt niemands dran,
In dieser Wehr sich sehen lan,
Gieng er auff den Fechtplatze wider
Vnd legt sein Dolchen wider nider:
Ohn einig Streiche bracht dauon
Vnd ongefochten seinen Lohn,
Das Silber vnd das rote Goldt,
Weil niemands mit jm fechten wolt, (432)
Das er mit freuden nam hinweg
Ohn Schläg vnd Stich freudig vnd leck.
Da stund mit langem Spieß zuleck ***)
Der gwaltig starck vnd lang Steinmetz.
Denselbign thet trefftig erschütteln,
Mit aller Sterck gewaltig nütteln,
Daß er erzittert auff dem Plan:
Da wolte aber niemandts dran.
Dest' lecker tratte der herfür,
Vnd forderte den Feind mit gir:
Ob keiner wer, der auff dem Plan
Mit langem Spieß in wolt bestan.
Vnd als er nun hett gwartet lang,
Erschüttelt er die lange Stang.
Die Fürstlich Gab vnd Schenck er nam,
Die jm damals gar wol bekam.
Wo in eim gantzen Jar, sprach er,
Einr oder mehr vorhanden wer,

Randbem.: *) Zweyer Zusamen gehn mit dem Tuseden. **) Auffheben im Dolchen so kein Widertheil gehabt. ***) Fechten im langen Spieß, gegen dem niemands auffgetreten.

Der sich mit mir in langer Stangen
    Zu sechten wolte vnderfangen,
Der soll von mir sein redlich gwehrt
Wie es der Man an mich begert.
Da gieng daher in allem Glimpff*)
    Mit langem Schert¹) der Wendenschimpff,
Vnd schlug wol in die Lüffte scharff,
Das Schwert in alle Höhe warff,
Vnd wider bey dem Hefft empfieng,
Gantz freudig keck hereiner gieng,
Vnd strich mit Streichen in die Lufft,
Daß das Schwert zittert vnd erdufft.
Gegn dem hub auff Peter Schwendschwert,
Vnd gieng gegn jm in Tritten hert. (433)
Beid auff einander schlugen gschwind,
    Drein schmissen, als wernts vnbesint,
Das es zusamen gieng, Kling, Kling,
Ein zwitzerdt Schwert ans ander gieng,
Auch Knopff an Knopff zu beider seit,
    Faust gegen Faust, Creutz gegen Creutz,
Gleich wie die Schwein einander beissen,
Die Tigerthier einander reissen,
Die wilden Bern einander kratzen
Mit Clawen vnd den starcken Datzen.
Der Wendenschimpff hart wurd geschlage,
Ein grosse Wund dauon must tragen.
Mitten im Angsicht die empfieng,
Vnd also scheutzlich dauon gieng.
Sihe da tratt erst off den Plan**)
    Ein zimlich langer starcker Man,
Gleich wie ein Ris greulich vnd wild,
Mit namen hies der Haw in Schilt,
Vnd hub in dem Tusecken auff,
Den schlug in alle Höch hinauff:
Gegn den sich wider keiner fund,
    Der sich zusechten vnderstund
Mit solchem Fechter vugehewer,
Er möcht eims lachen machen thewer.
Alß er nun lang gewartet hatt,

Ongfehr her auß dem Hauffen tratt
Ein kleiner, kurtzer, schwacher Zwerg.²)
    Gleich wie ein Junges Kind, mich merck,
Mit Hendlin vnd den Füßlin sein
    Sein bestes thet, vnd sprang herein,
Sein ärmlin strecket rauß so bloß,
Fürwar als wer er noch so groß, (434)
Gleich eben wie der Dauid klein
    Mit seiner Schlauder tratt allein,
Alß der den grossen Goliath
    Mit Siege oberwunden hatt,
Den er in gelbem Sand erlegt,
Das er all viere von jm streckt.
Also wars auch gleich ein Manir
    Mit disen beiden, sag ich dir,
Die sich zugleich auff blisen zwar,
Vnd auff einander zogen dar.
Der lang doch ware vberlegen
Dem Zwergen, von der Kleine wegen,
Dann er die Streich viel höher fürt:
    Der Zwerge nur die Erde rührt,
Wiewol er sich vber sich richt,
Dem Haw in Schilt schlug nach dem Gsicht,
In gschwindem Grim vnd in dem stutz,
    Warn leider doch die Arm zukurtz.
Des dann der Haw in Schilt mit Wuth
    War weit vber den Zwergen gut,
Ließ gleich denselben den vil kleinen
    Durchlauffen zwischen seinen Beinen,
Schlug jn fürs Gkß, vnd must der sachen
    Gleich heimlich bey jm selber lachen,
Ließ nach vnd milterte sein Zorn,
Vnd mit dem Zwergen eins ist worn.
Deß sich auff dieser weitten Ban
    Ein Glechter vnderm Volck hub an,
Das es erschallet allethalb,
Deß Risen vnd des Zwergen halb.
Das es nit geben hett tobt Leuth
    In dem schrödlichen Kampff vnd Streit." —
                                    (S. 434.)

---

¹) Druckfehler, lies: Schwert.   ²) Ein Zwerg aus des Fürsten Dienerschaft.
    Randbem.: *) Fechten im langen Schwert.   **) Kampff deß Haw in Schilt mit eim Zwergen.

3. Die Fechtschule zu Troppau i. J. 1583.

Hans Ulrich Krafft, ein Ulmer, hat für seine Nachkommen seine „Reisen und Gefangenschaft" beschrieben; das am 24. August 1616 beendete Werk bildet in der „Bibliothek des Liter. Vereins in Stuttgart" den 61. Band (vom Jahr 1861). — Von dem Handlungshause, in dessen Diensten Krafft stand, in den Orient geschickt, wurde er wegen Bankrott seines Prinzipals drei Jahre lang in einem Türkischen Schuldgefängnisse in Haft gehalten. Frei geworden, wohnte er als Buchhalter eines andern Hauses im Sommer 1583 zu Troppau der Vermählung des Herzogs Hans Friedrich von Liegnitz und Brieg mit einer Schwester des Herzogs Ludwig zu Württemberg bei.

War diese Hochzeit zwar, wie Krafft sagt, eine lustige und stattliche, so erreichte sie doch nicht den Glanz der von Frischlin beschriebenen Vermählungsfeierlichkeiten des Schwagers des jungen Ehemannes; sie blieb ohne Ritterspiele, d. h. wohl ohne Turniere, wogegen eine Fechtschule wie bei Ludwig's von Württemberg Hochzeit gehalten wurde.

Am zweiten Tage der Feier, wie Krafft erzählt, „thett man Im gefüertten [d. i. viereckigen] hof ein Eifferige Stattliche Fechttschul von Marrbrüeter vnd Federfechtter halltten. Der Fechttmaÿster ward ein schwab von Augspurg, mit Namen hans Mamhoffer, ein verfuchter; dössen bruder Elias vor der Zeit beÿ mir als ein diener in Trippoli In Sirla gewesen, dössen kundt Ich beÿm Fechtmeister vmb eine gutte stölle zum zusehen geniessen. Dise Fechtschul word Allerdings ein viertel Jar zuuor Außgeschriben: der Alte hörtzog Georg zum Brigg der den Namen: ein vatter des Vatterlandts, gehaptt, hatt von den herben thomendten fechttern ettlich Sontag vor der hochZeit Fechttschul lassen halltten, vmb den bösten¹) Fechttmaÿster, so den Mamhofer getroffen, Auffzuwerfen. So bald ej Fürsten, herrn, Fürstinnen vnd frawen Zimmer an Jre verordnette Ortt off dem Gang Zuzusehen erschinen, hatt man Armvoll schwertter, Rappier, Stenglen, vnd an zwen lange Rayß Spleß voll Dusäckhen vnd was zu einer Fechttschul gehörtt schlechtt²) mit einem Trumenschlager off den platz getragen; solche one Cerimonj schlecht Außgespraitt. Der Marrbrüeder waren mer als der Feder fechtter, vnd wölche begertten zufechtten, Lögtten Jede partheÿ Jre Mäntel vnd Rappier oder Deggen beseÿtts off ein hanffen. Es waren Iber die Sechtzig of beeden seÿtten. Der Fechttmaister höbtt auf ein hültzen Hellpartten vnd theitt die Fechttschul gleich anfangs verkündigen, wie sich einer oder der ander soll gebüerendt verhalltten; darauff thetten ettlich Trumetter aufblassen. Als füeggten sich darZu hörtzog Georgen zum Brigg Marschaldh mit einem Rott sament, des fürstlichen Bischofs zu Preßlaw hofmaister mit einem schwartz samettnen, wol gespeißte geltsöckeln mit der verordnung, so bald einer blutRiß geschlagen worden, soll dem thetter ein par Reichstaller verehrtt werden, der Ander soll mit seinem schaden verlieb Nemen.

---

¹) besten; — Kein Druckfehler.   ²) schlicht, ohne Gepränge.

Es waren gleich Im Anfang ein solche vffhöbung In den Duſäcken von
Jungen fechttern, daß der Fechttmaiſter mußt machen Innhaltten, biß die vfge-
höpttenn Ire Fechttgäng vollbrachtt. Da gab es auß Neyd vnd gellt hunger ſo
grobe ſtraich vff dj köpf, daß tails vff den hindern Riter geſötzt vnd mans hatt
mieſſen der Dürrnütz¹) zu tragen. Alda ſeind vier Balbierer geweßt, die die
gantze fechttſchul genug zu thun gehaptt. Die²) haben, weil ſeltten blutt Abgeben,
Am Maiſten ſtraich vnd wenig taller bekhomen. Aber Im ſchwertt fechtten,
Rappier vnd Stengle haben die gellt ſödel offt Ir böſts thun mieſſen. Ein
Marrs bruder, ein ſchloſſer ſeins handwerckhs, gar ſtarckh von Leib, brauchtte
ſchlechtte kunſt, thett nur nach ſeiner ſtörcke von oben herab Iber des Andern
ſchwerdt des göggentayls kopf Zuſchlagen. Wie er dan bald ſeim erſte widerpart Iberwogen, daß er ein par taller bekhomen, der beſchödigte kundte ſein
ſchwerdt ſo bald nit von Ime werffen, vnd der Dürnütz Zngehen, khompt ein
häggerer, kurtzer Tuchers³) geſöll von Nerlingen, höbtt das Riter geworffne
ſchwertt auf, beutt dem Schloſſer die ſpitzen. Der Fechtmaiſter laufft hinZuo,
ſagtt Iber lautt: Landtsman, was witt mit diſem ſtarcken Mötzger Anfangen;
haſtu nit geſehen, wie er nur one kunſt dem kopf Zuſchlöchtt, ſo⁴) du nit wirſt.
anoſtehen finden. Er Anttworttet: Ich lig noch nitt.⁵) Im erſten gang gieng
es one Blutt ab, Im Andern theil der Nerlinger dem Schloſſer wider Alles ver-
ſehen die Naſen am geſicht enttZway ſpalttenn, daß er ſein ſchwertt weitt von ſich
geworffen vnd auß dem krayß auch der Dürnütz zugeloffen. DarIber dj Fürſten
wol gelachtt, weil der Forſtmaiſter [?] auch offenttlichen ſagte: wan das die kleine
Schwaben, was werden die groſſe finden! Einem Marrsbruder, beriembtten
fechttern, Iſt von einem Federfechtter⁶) mit dem Stengle ein Aug Auß geſtochen
worden; Ich darff nitt ſchreiben, wie hoch das glidwaſſer hell, weiſß, gerab In
dj höhe Iſt geſprungen, ſo ſchröcklich zu ſehen geweßt. Der fechtmayſter, als
ſein göggentail, hatt ſelbſten wegen ſeiner Fechttkunſt ein mitleyden mit Ime getragen. Bald darauff haben ſich die Marrbrüeder All gemach Abſentiertt⁷), vß-
genomen noch ein gutter Fechtter hatt zum Beſchluß mit dem Fechttmayſter Im
ſchwertt Zwen geng gehalten. Der were auch, da man nit ſo bald vnderſchla-
gen⁸), von Ime Fechttmaiſter Ibel tractirtt worden, ſo Ine Ibel verdroſſen. Der
Fechtmaiſter, ſo offt er vff ein oder Ander wöhr ſeinem göggenthail vfgebotten,
Iſt Allwegen ein, 2 in 4 taller darauff gelögtt worden: hatts ſein Marrbruder
wöllen hollen oder verdiennen, ſeind Ime bey fünfftzöhen taller zum böſten worden.

Des Andern tags Morgens, ehe vnd dan dj fechtter von ainander ge-
ſchalden, hatt man, was bliben, In der Türnitz zur Lötze⁹) gefpreytt, was mit
Duſecken gefochten vnd geſchlagen worden, haben groſſe vfgeloffne ſtraich Im
geſicht vnd ob dem kopf gehaptt, daß tayls vnerkandtlich Außgeſehen; die ſeind

---

¹) Durnis: ein Hof-Saal, zumeiſt für das Geſinde (?); ſ. das Grimm'ſche Wörterbuch.
²) Teſackfechter. ³) Tucher, d. i. Tuchmacher; vergl. die Wortbildungen: Huter, Sieber (Hut-
macher, Siebmacher, ſ. S. 12) u. vergl. ⁴) was. ⁵) In der älteſten Fechthandſchrift, der des Germ.
Muſeums zu Nürnberg (vom Jahr 1389) wird Bl. 32 ein Sprichwort Liechtenauer's ange-
führt: „Wer do leit [liegt]. der iſt tot, wer ſich rüret, der lebt noch." ⁶) Dem ſog. Fechtmeiſter,
dem eigentlichen Fechtſchulhalter, wie aus dem Folgenden erhellt. ⁷) entfernt. ⁸) ſ. S. 10 Anm. 3.
⁹) zum Abſchied.

auch mit einem gutten Zörpfennig Abgeförttigt worden. Hab also diser fürstlichen Hochzeitt, Mertayl vmb der Ernstlichen Fechtschul willen, gedacht, was davon Zubeschreiben." (S. 386.)

In demselben Jahre 1583 sah Krafft, um dies hier noch anzureihen, auch die Feierlichkeiten mit an, welche auf einer Hochzeit zu Krakau stattfanden. König Stephan Battori von Polen gab nämlich seine [15 Jahre alte] Base seinem [fünfzigjährigen] Kanzler Zamoysky in jenem Jahre zur Frau und hielt seiner Verwandten die Hochzeit aus, d. h. trug alle Kosten derselben. — Am dritten Tage wurden nach der Mahlzeit auf einem kleinen Platze "In völliger Rüstung gantzer Kireß" ein Fußturnier abgehalten, von dem Krafft erzählt: "Das Ist Gal Abgangen, weil sich die polaccen nit recht darein schicken finden." Als die Nacht herein kam, "haben ettliche teusche Fechtter In Jren Langen Außgezogne hosen mitt feurigen hülzen schwertter, Dusächen vnd stangen mit feur gögen einander gefochtten; die habens bößer Als gemeltte Thurnierer getroffen."[1])

4. Die Fechtschule zu Düsseldorf im Jahre 1585.

Herzog Johann Wilhelm von Jülich feierte am 16. Juni 1585 zu Düsseldorf seine Vermählung mit der badischen Markgräfin Jacoba; zu den diese Hochzeit verherrlichenden Turnieren, Schiffskämpfen auf dem Rheine u. s. f. kam ebenfalls ein Schanfechten hinzu.

Nachdem einem der fürstlichen Trabanten gestattet worden, auf Mittwoch den 19. Juni des gedachten Jahres eine öffentliche Fechtschule auf dem Burgplatze, d. i. dem Schloßhofe, anzuschlagen, weil "alsolche übung vnd brauch des Fechtens bey Fürsten vnd Herrn rhümlich, — vnd die Fechter von wegen jhrer freyer kunst von der Keys. Majest. vnser aller gnedigsten Herren, vnd heiligen Römischen Reich sonderliche priuilegia vnd freyheiten empfangen", so hat derselbe, der zugleich ein Fechtmeister gewesen, "die Trum in der Statt vmbschlagen lassen, damit so vnder der Herrn Diener oder sonst etwan gute Gesellen, der Fechtkunst erfahren, vorhanden weren, daß dieselben auff den Burgplatz sich beysamen thun vnd zufolgen vnbeschwert seyn wöllen. Dieweil daselbst auß Fürstlicher zulassung vnd gestatten jhme ein Fechtschul zuhalten gnediglich vergünt worden." Nachdem ferner "gerürter Drabant mit vielen guten Gesellen so jhme gefolgt den Burgplatz auffkommen —, vnd in mittelst[2]) ernanter Platz mit Sand oberworffen, seine Wehren in vnderscheidlicher gestalt, dem alten Fechtbrauch nach, nider gelagt, vnd jederman dem werck vn Fechtspiel zuzusehen heran gedrungen", die fürstlichen Zuschauer und Zuschauerinnen ihre Plätze an den auf den Hof gehenden Schloßfenstern eingenommen, da hat jener Trabant "seine Schul mit lauter stim vn außruffen, altem Fechtbrauch nach, mit Trummen wie folgt befreyet. —

DVrch krafft vnd macht der Keys. Majest. vnsers aller gnedigsten Herrn, dessen Priuilegien vnd freyheit, Auch durch zulassung, wissen vnd willen des

---

[1]) Ein ähnliches Fechten kommt auch in Serlin's S. 1 angeführtem Buche vor. [2]) inzwischen.

Durchleuchtig, Hochgebornen Fürsten vnd Herrn, Herrn Johan Wilhelms, Hertzoge zu Gülich, Cleue vñ Berg, 2c. meines G. F. vnd Herrn, Ist mir Hansen von Olm Meistern des langen Schwerdts aller gnedigst vnd gnediglich gestattet vñ zugelassen worden, eine frey öffentliche Fechtschul anzuschlagen vnd zuhalten, mit allen Ritterlichen Wehren, wie dieselben alhie furhanden seyn. Da dann gute Gesellen zugegen, die solche Ritterliche Fechtkunst gelehrnet vnd derselben erfahren,[1]) vnd den Durchleuchtig, Hochgebornen Fürsten Personen, Chur vnd Fürstlichen Gesandten, auch andern vom Adel, der löblicher Ritterschaft alhie zugegen, den anwesenden Fürstinnen vnd dem gantzen Frawenzimmer, mit jhrer Kunst vnd erfahrenheit jhn vnderthenigkeit, frewdt vnd kurtzweil zumachen vermeint, dieselben wöllen vnbeschwert seyn sich herror zuthun, vmb den auffgestellten Preiß auffzuheben, die gebürliche genge nach altem löblichen Fechtbrauch, zuhalten, dann[2]) bin gemeint vnd entschlossen ober alsolche gute Gesellen, wie eine ehrliebenden Meister des lange Schwerdts gebüren wol, vnpartheisch zuhalten, dieselben zuschützen vnd zuschirmen, wider vnd gegen obermuth vnd vngebür. Wol auch weiter auf meiner Schul verbotten haben, ort, knauff, inlauff vnd alle andere falsche stück, Auch wo einer oder mehr gute Gesellen vorhande (die Erle Ritterschafft außgenommen, welch ich hiemit zun ehren[3]) nicht gemeint haben wol) die meiner begeren würden, es sey vmb gelt oder gelts werth, (vngeachtet ich des Gelts nit viel hab,) oder aber vmb einen guten streich, truck oder naß[4]), daß derselb frey gehertzt vnd wolgemuth herror tretten wol, nach brauch des Schwerdts gerechtigkeit, vnd frey auffheben, schonen des Schwerdts nicht, sonder sich selbst der finger, vnd schlagen zwischen den Ohren da das Haar auffm dickesten stehet, treffen mich auch mit,[5]) dieweil ich auch ein guter Gesell:

    Schwing mich in Namen Jhesu Christ:
    Fürcht kein Fechter wie wildt er ist.
    Ist ein trotz Bruder vorhanden,
    Wird getroffen weichen mit schanden.
    Darumb Trummenschläger schlag auff,
    Vnd wart ein jeder seinen Kopff.

 Nach dieser befreyung der Fechtschul, auch vorgehender ermelter rede, sind etliche gute Gesellen herror getretten, vnd haben in vnderschiedlichen Wehren, mit gebürlichen vnd Meisterlichen dazu gebrauchten Fechtsprüngen, auffgehaben, also daß man manichen guten streich bey dem Fechten hat vernommen, sind auch etliche mit blutigen Köpffen abgedanckt vnd danon gezogen, wie es dann bey solchem scherz, so offter mahl mit ernst vermischt gemeinlich vorzulauffen pflege, dieweil man dem Tuch also thun muß, dann es sonst sein farb verliert."

 Dietrich Graminäus, der Beschreiber dieser „Fürstlicher Güllischer 2c. Hochzeit [Gedruckt zu Cölln, Anno 1587]" hat, wie die anderen Hochzeitsfestlichkeiten, so auch die Fechtschule des 19. Juni 1585 in Kupferstich veranschaulicht; im Kampfe begriffen, vor einer zahlreichen Zuschauermenge im Hofe vnd an den Fenstern des Fürstenschlosses, sehen wir zwei Fechterpaare, deren eines mit den Stangen, das andere mit dem langen Schwerte, dem Beidenhänster, ficht; zwei

---

[1]) Das Buch hat: erfahren. [2]) Ergänze: ich. [3]) zu [deren] Unehre; s. S. G. [4]) blutig! Vergl. S. 13 Anm. 6. [5]) S. 17 unt., S. 21 r. Spalte.

Fechtmeister, mit ihrer Stange in der rechten Hand, wachen über ritterliches Verhalten der Gegner; zwei andere Schwertkämpfer stehen in weitem Abstande einander gegenüber, um später einen Gang mit einander zu thun; an zwei Stellen des Hofes liegen Waffen am Boden: Stangen, Tesaken, Hellebarden, Rappiere. Die unter dem Kupferstiche stehenden Reime lauten:

>»Die Trum die ging geschwindt herumb,
Der meister ist des Swertz der kumb
Am Fursten hoff all auff dem platz
Ist schöll bestelt in namen Gottz.
Dar freyt der fechter seine Scholl
Vnd gab ferwar gar guten zoll.
Haubtschleg, ohrenstreich, vnd maulschell gutt,
Braachen den fechtren tratz vnd mudt.
Behört zum Tuch alsolche farb,
Darna handler, darna gewarb.
Der geboren ist nach der lufft,
Draget vnd scharret solche frucht.«

In demselben Jahre 1585 fand eine weitere Fechtschule zu Stuttgart statt, und zwar bei Gelegenheit der zweiten Vermählung des Herzogs Ludwig, dessen erster Vermählung, neben einem Turnier und anderen Ritterspielen, die S. 16 ff. beschriebene Fechtschule Glanz und Ansehen gegeben hatte.

Auch diese Hochzeit seines Landesfürsten im Mai 1585 — die Braut war Ursula, eine Herzogin von Baiern und Pfalzgräfin bei Rhein — hat Frischlin in lateinischen Hexametern besungen; anstatt der früheren 7 Bücher enthält dies Gedicht De secundis nuptijs — Lvdovici [gedruckt zu Tübingen 1585] jedoch nur 4 Gesänge, wie denn die Feierlichkeiten dieser Hochzeit auch nur auf fünf Tage ausgedehnt waren.

Vor dem Schluß der Festlichkeiten, der in der Aufführung eines Frischlin'schen Dramas in lateinischer Sprache bestand, gab Herzog Ludwig den Gästen seiner Hochzeit auch dieses Mal das Schauspiel einer Fechtschule. Frischlin's Berichterstattung über dieselbe hält sich gegenüber der umfänglichen und in's Einzelne gehenden Schilderung aller Vorgänge der Stuttgarter Fechtschule des Jahres 1575 in sehr dürftigen Gränzen.

Daß Marxbrüder und Federfechter einander gegenübertreten (vergl. unten die 5. Fechtschule), wird nicht einmal bestimmt hervorgehoben; die sog. Befreiung der Fechtschule, das Ablegen der Gewänder wird ganz kurz berührt; von dem Verlaufe des Kampfes mit den üblichen Wehren wird gar nicht geredet. Als das Fechten mit dem langen Schwerte beginnen soll, tritt mitten aus dem Volke ein Bauer auf den Fechtplatz, hebt auf und verwundet seinen Gegner zweimal; andere Gegner, die gegen ihn auftreten, können ihm nichts anhaben und ihm keine Wunde beibringen und so erhält er den Preis.

Frischlin's ganze Beschreibung dieses „Gladiatorum certamen". [S. 99 f.] lautet:

Jamque dies aderat regalibus ultima ludis:
Cum gladiatorum validis manus inclyta dextris:

Nuda humeros, medium procedit in aequor: et hostes
Marcigenas, magnis in pugnam prouocat ausis.
Primus ibi leges, et regin verba lanista
Ponit: et a vetitis iubet abstinuisse: simulque
Emicat: et varios exercet in aëre saltus —
　Tunc capiunt arma, et Mauortia verbera miscent.
Non hic pulsantur galeatae tempora frontis:
Non clypeo densum pectus: non aerea scuta
Defendunt pugilis latus: omnia membra retecta
Verberibus patuêre suis: dant verbera vulnus:
Deque cruentato distillat vulnere sanguis
Ecce autem, dum fuluum vnus gladiator ad ensem
Promicat exultans, ostentatque arduus artem:
Innumerisque leuem diverberat ictibus auram:
　Forte venit media quidam de plebe colonus *)
Aurigae armatus cultro, sagulique rubentis
Vellere Calbiaco, ruralia pectora cinctus.
Scortea cui super induta stat penula: turgens
Extanti pera: suram tegit vndique pero:
Ipsa viro callosa manus, frons arida rugis.
Isque vbi iam media nudus consistit arena:
Nulli non visus stiuam tractare bicornem
Aptior, aut virga lentos stimulare iuuencos.
Extemplo vestem ponit: simul arripit ensem: **)
Concutiensque atris vibrantia tela lacertis,
Irruit: et pugilis consignat sanguine frontem.
Ille fremens animis, redit in certamen: it vnâ
Obuius agrestis: rursusque tremeutia vibrans
Tela manu: rursum distringit vulnere corpus.
Qualis erat quondam extremo certamine fessus
Demylides Glaucus, iam victor Olympia circum,
Rurali infligens aduersa in pectora plagas
Robore, neglecta, quam non bene nouerat, arte: ***)
Talis et iste fuit, sed non rudis arte, colonus.
Nam nemo hunc potuit duro compescere ferro:
Nemo acri superare manu: nemo indere vulnus:
Multaque dextra virûm vires effudit in vno:
Cum solus remanet nullo ipse domabilis ictu.
At merito Princeps hominem decorauit agrestem
Munere: Martiaci statuentem signa tropaei:
Omnis prosequitur quem laeta precatibus aula.
Dumque colonus ouat, spolioque potitur honesto:
Hic labor, haec requiem transacti pugna diei
Attulit: et positis pars vtrâque substitit armis (p. 100).

Die Aufführung des lateinischen Schauspieles Nicod. Frischlin's: „Der wiedererstandene Julius Cäsar" folgte unmittelbar auf die Fechtschule.

Randbem.: *) Agricola gladiator. **) Virtus istius gladiatoris rustici. ***) Pausan. lib. 6. Graec.

5. Die Fechtschule zu Stuttgart bei der Taufe des Herzogs August, im Jahre 1596.

Felix Platter, Professor der Medizin an der Universität Basel vom Jahre 1571 an, hat der Taufe des jungen Herzogs August von Württemberg i. J. 1596 zu Stuttgart angewohnt, und alle „Herrlichkeiten" des vom 7. bis 12. März dauernden Festes beschrieben.[1]) Ueber die an das Ende der Festlichkeiten gestellte Fechtschule sind seine Worte diese:

„Freytags denn 12 Martij halt man zehoff im Schloß ein Fecht Schuoll waren bey zwölff seder sechter vnd souil marr fechter wider sy, von allen ohrten sonderlich vonn Stroßburg dahingezogen, der Herzog verkünd Jnenn, es müeste rott oder blutt geben sonst gelt es neütt[2]) man fechtet Jnn allen weren, sonderlich schlugen sie einander gar hart mit den Dusechen Schwerteren vnd Stießen mit dem Stänglin Jr waren woll zechen[3]) wundt, eim war mit der Dusechen ein aug auß dem khopff geschlagen so ein goldschmidt gsell was, wer den andern blutt ruus macht beckham von richtern[4]) ein gob[5]) etlich münchs khöpff, Schnaphanen[6]) auch etlich Thaller."

---

6. Die Fechtschule zu Dresden im Jahre 1614.

Zur Verherrlichung der Tauffeierlichkeiten eines Prinzen hat Herzog Johann Georg im September 1614 in seiner „Hauptfestung" Dresden ein großartiges Stahlschießen abgehalten; eine Fechtschule wurde auch hier den Festlichkeiten eingereiht.

Wolfgang Ferber, Churfürstlich Sächsischer Pritschenmeister, brachte auf des Fürsten Befehl die Vorgänge des Schleßfestes „in einfeltige Dentsche Reime"; nach seinem 1615 bei GimelBergen in Dresden gedruckten Buche hatte die in den Nachmittagsstunden des 27. Septembers 1614 veranstaltete Fechtschule folgende Ordnung und Gestaltung:

„Zu Mittag aber noch dem Essn
Ist ein Manhafft Fechtschuel gewesn,
Sigmundt Faulbeltz (in seinem staudt,
Ist er Churfürstlicher Trabant)
Ein Bruder vff S. Marci Stuel,
Hielt vff dem Schloßhoff die Fechtschuel,
Da war manch frischer Hahn babey,
Nicht allein Trabanten vnd Lackey,
Sondern viel von frembden kommen hin,
Zu fechten nach ehr vnd gewin,
Die schonten ja ein ander nicht,
Weder den Kopff noch das Gesicht,
Giengen einander vmb die Haar,

Vnd gaben jmmer Wahr vmb Wahr,
Mancher bekam auff seinen Pusch,
Vom andern eine gute Husch,
In allerley Wehrn die man tregt,
Vff die Fechtschuln, darin man pflegt
Zu fechten, waren da zugegn.
Man that auff jed ein gnant Geld legn,
In was vor Wehr einer ein schlug,
Daßelbe Geld er davon trug,
Vnd durffts der ander doch nicht klagn,
Ob jhn schon dieser hart geschlagn,
Er wurd darzu noch ausgelacht,
Keinem mans allda anders macht.

---

[1]) Aus der Handschrift der Basler Bibliothek λ III. 3. Felix Platter's Lebensbeschreibung. Vergl. auch: Dr. Fechter: Thomas Platter und Felix Platter, Basel 1840, S. 208. [2]) (nüt) nichts. [3]) gehn. [4]) Kampfrichtern. [5]) Gabe. [6]) Zwei Geldsorten.

• Der Pritſchmeiſter fügt folgende Betrachtung hinzu:

Dabey ich in mich ſelber gieng,
  Dacht wie verkehrt ſich alle ding?
Wie ſeltzam gehts zu in der Welt,
  Daß man von Leuten bringt das Gelt,
Wie offt haſtu bey deinem lebn,
  Dem Richter die Straff müſſen gebn?
Wann du dich mit eim haſt gerauft,
  Vnd jhm ein wenig Schweiß ablaufft,¹)
Auch den Artzt müſſn zu fridn ſtelln.
  Hie aber dieſen gutn Geſelln,
Wenn ſchon einer ein ſchleget hart,
  Auff ſeinen Leib, Kopff oder Bart,²)
So wird jhm noch darzu gelohnt,
  Geſchweige mit der ſtraff verſchont,
Bey mir ſelber ich weiter dacht:
  Daß mans bey vns nicht auch ſo macht,
Daß kein Hund dürffte drüber belln,
  Wenn du eim giebſt ein pahr Maulſchelln,
Begehrt ich doch darumb kein Lohn,
  Kem ich nur vngeſtrafft dauon.
Weil aber ſolchs geſchiehet nicht,
  So hör weiter von mir bericht,
Jetzunder eben mir einfelt,
  Daß vff der Schuel wurd fürgeſtelt,
Von Tebalt Beſſ einem Trabantn,
  (Mein vornehmen Freund vnd bekandtn)
Ein Ehrlich vnd auffrichtig Mann,
  Der mir gar viel guts hat gethan,
Weil ich war Hoffgeſind zu Dreßden,
  Iſt er ſtets mein Haußwirt geweſn,
Vnd hats nie böß gemeint mit mir.
  Nun wie dem alln, er ſtellet für,
Auff der Schuel einen jungen Fechtr,
  Derſelbige war auch kein ſchlechtr,
Von Perſon lang, hurtig dabey,
  Der Löblichen Kunſt der Jägerey,

War er zugethan vnd verwandt,
  Vnd jhm dieſelbe wol bekant,
Dieſer muſt ſich da lahn probirn,
  Mit einm in allen Wehrn rümb ſchmiern,
Vnd kein verſagen in dem Schwerdt,
  Wer ſolches nur an jhn begehrt,
Wie denn der Fechter gewohnheit.
  Vnd als er jedem thet beſcheidt,
Daß man an jhme nun thet ſpürn,
  Er kunte ſein Mann defendirn,
Thet jhn Tebalt zur Feder freyhn.
  (Das mocht die Marci Brüder gehöyn,)
Vnd jhn jetzund zu ehren hait,
  Künſtlich geſchlagen das Parabt,³)
Vnd war damals auch fremd vorhandn,
  Wo nicht ein vnheil wer entſtandn,
In dem einer bey dieſer Luſt,
  Gleichwol ſein leben laſſen muſt.
Ein Lackey, noch ein junges Blut,
  Focht gar keck, vnd aus friſchem muth,
Verſah die Schantz (das glaube mir)
  Daß er im einfachen Rappier,
Wurd zu eim aug geſtoſſen ein,
  Daß er des Tods muſt drüber ſein,
Vnd thet jhms fechten zimlich behagn,
  Man muſt jhn von der Schuel wegtragn,
Vnd ſtarb denſelben Abend noch,
  Tawert⁴) viel Leute vnd halff doch
Nichts. Alſo es offtmals ergeht,
  Daß bey frewd auch ein Leid entſteht,
Nun muß man ſolches Gott befehln,
  Der woll gnedig ſein ſeiner Seeln.
Vnd die tröſten in dem ewigen lebn.
  Nun hab ich dir auch beſcheidt gebn,
Daß den Tag vff dem Schloßhoff frey,
  Eine Fechtſchuel geweſen ſey."⁵) (Bl. B. b. 4 b)

---

¹) Schweiß bedeutet in der Jagdſprache noch immer Blut. Blut ablaufen, humoriſtiſch für blutig ſchlagen. Vergl. S. 19 unt. ²) und was unter dem Barte ſich befindet, Wangen und Kinn; in unſerer Mundart ſagt man anſtatt Kinn auch bei Mädchen: Bart. ³) mit dem Parabe- (Prunk-)Schwert iſt er zum Meiſter geſchlagen worden. ⁴) dauert. ⁵) In dem Original-Drucke ſind die zweiten Zeilen nicht eingerückt.

II.

Nürnberger Fechtschul-Reime v. J. 1579.

Daß es bei der Eröffnung des Kampfes, bei dem „Ausrufen" der Fechtschule, üblich war, die Gegner mit einem Reime zum Aufheben der Waffen aufzufordern, lehrt u. A. Rösener's unten folgendes Gedicht. Angedeutet sind solche Reimsprüche in den von uns mitgetheilten Fechtschul-Beschreibungen; ebenso weiset Fischart auf sie hin, dessen von einem Federfechter unterrichteter Gargantua u. A. auch die Fechtschulen und Fechtböden besucht: da „sträußt [er] sich wider die Marrbrüder, die Franckfortische Meister deß langen Schwerdts, schrieb mit Dinten, so sicht wie Blut [s. S. 13!], die Feder must ihm oben schweben, unnd solt es kosten sein junges Leben, er wagts in Gotts macht, schlug drauff daß der Belz kracht"[1]; und Abraham a. S. Clara spricht noch in seinem zu Würzburg 1699 gedruckten „Etwas für Alle": so haben „diese [ole Fechter] nicht allein seltzame Sprüng, sondern auch Sprüch, mit denen sie sich zum Fechten anfrischen; da hört man anderst reden den Marcks-Bruder, und anderst den Feder-Fechter, dieser spricht also: frisch her an mich, ein Freier fechter bin ich; Hannen-Fuß und stoltze Feder, schmeiß den Kürschner [s. S. 17] auf sein Leder: Der Marcks-Bruder[2] will auch nicht weniger seinen Muth und Tapfferkeit sehen lassen, muntert sich also selbst mit diesen Worten auf: frisch, frisch, wieder frisch, kehr ab mit dem eisenen Flederwisch, frisch her und unverzagt, wer weiß, wer den Kürschner sagt; solcher Gestalten fangen diese an zu fechten; — —; gleichwohl geschicht es gar offt, daß aus dem Marcks-Bruder ein Mercks-Bruder wird, so er etwann ein Aug verliehrt, aus dem Feder-Fechter ein Leder-Fechter, wann er mit zerrissener Haut den Kehraus tantzet" (S. 173).

Wir veröffentlichen nun aus einer Handschrift des Germanischen Museums zu Nürnberg[3] eine Reihe solcher Fechtschulreime der Marrbrüder und Veiter-

---

[1] Fischart's Geschichtsklitterung, 27. Cap. Ausg. von 1600, S. 185. [2] Loncin von Gonnin: „Der Christl. Welt-Weise beweinent die Thorheit der neu-entdeckten Narren-Welt," fügt in seinem „fechtenden Narren" (5. Bd. Augspurg 1709 S. 205) hier die Worte ein: „bild sich auch Cantzley-Possen ein —". [3] Papierhandschrift Nr. 1458 mit dem Kupferstich-Porträt des „Leonhard Schwab In Nürnberg verordneter Unterhauptmann der Feder-fechter AE. [aetatis, seines Alters] 41. A.º 1671;" das Wappen der Veitsfechter befindet sich vor sich kreuzenden Waffen, dem langen Schwerte, den Stangen, Hellebarden, Rappieren, Tesalen und Dolchen. — Darüber, daß in Nürnberg „Schirm- (d. i. Fecht-) schulen" schon in den Jahren 1477—79, 1487, 1492 und 93 u. s. f. gehalten wurden (seit 1494 heißt es nicht mehr Schirm-, sondern Fechtschule), vergl. den „Anzeiger" des Germ. Museums von 1860 S. 407. —

fechter, welche diese in der Zeit vom 26. April bis zum 4. October d. J. 1579 bei den ihnen abwechselnd vergönnten Fechtschulen zu Nürnberg angewendet haben; die Zusätze in ungebundener Rede enthalten mehrere für die Geschichte des Fechtschulwesens, wie man finden wird, nicht uninteressante Angaben.

(Blatt 1a) Fechtschuln-Reimen[1])
angefanngen Anno
1579.

(1 b) Der Todt ist gewiß, Ungewiß der Tag
Die stundt auch niemandt wissen mag
Darumb fürcht Gott, vnnd dennd barbey
Das yede stunndt die letzte sey.

(2a) **Gregorius Beer hefftleinmacher Ein Federfechter**
No. 1. Abj[2]) 26 Apprillis Ao. 1579.
Die ersten Reimen zur Stanngen
Zu Frannckfurt an der Ader
schlugen sich ein Balbirer vnd ein bad'[3])
Dartzu kamen die kürtzners buben[4])
Ey. Ey. wie thetens ein annder huben
Wie die püttner vmb dz[5]) saß,
Wers nit wol kan der Lerne es bas,
Die Anndern zum Schwerdt
Ich schwinge mein schwert In Gottes glück
Vor keinem fechter Ich erschrick,
Er sey gleich kurtz, lanng oder dick.
So ficht Ich mit Im on allen schertz,
Er sey gleich ein maister des lanngen schwerts
Hoscha[6]) maidlein, scheiß In beltz,

Auf dieser schul seinnd die federfechter obgelegen haben auch beede Crenntzelein gewunnen, der federfechter nur ainer. Vnnd der Marrbrued' sechs pluttig geschlagen worden. War ein grosse schul. Vnd nach außgang derselben Im hoff ein Raiffennds.[7])

(2 b) **Mathes Greßman vom Hof ein Peckenknecht vnnd Marxbruder**
No. 2. Abj. 3 May Ao. 1579.
Die ersten Reimen zu der Stanugen,
Frisch her ich hab vernomen,
Wie dz frembde federfechter von augspurg sein komen,
Die haben außgeben, vnnd thun sagen
Sie wöllen mich stossen vnnd schlagen
Ich hoff aber ein Gott will es soll In nit gelinngen,
Wer dz glud hat wird vf den abent[8]) singen,
Ich bin ein Junger fechter merckt mich eben,
Ich wollt auch nit gern verliern mein Junges leben

---

[1]) In der Handschrift stehen zwei Striche über dem u, ohne daß man diesen Buchstaben ü aussprach; vergl. S. 2 mittü. [2]) d. i. a die, am Tage, am. [3]) Bader. [4]) die „Kürschner" sind die Marxbrüder; s. S. 32. [5]) d. i. das (Faß). [6]) hoscha: ein veraltetes Ausrufungswort. [7]) ein Rauffen, eine Prügelei. [8]) beim Weine; vergl. S. 39 oben.

Gott wöll mich dann also heunt verlaßen
Dz Ich mein haut vnnder der gesid'¹) muß laßen
Jedoch ist mir Gott zu eim schutz geborn
So hoff Ich doch dz SPil sej noch nicht gar verlorn.

Die Anndern zum Schwertt

Frisch her laß nit schnappen
es gillt mir Vnnd dir ein guts par kappen²)
die kappen seinnd Jm Winttern gut
Trum trag Ich ein frischen freyen mutt (3 a)
Du Edler Löew thue auf dein glider
Las dich den Greiffen³) nit truden nid'
Weil er dann mit seinem hochmut vnd pracht
Die Bruderschafft von sannt Marx veracht.
Ob sich der Greiff Jn d' lufft thut herumbschwingen
So thust du Edler Loew Jm Wald herumb springen
Bey anndern Thierlein Jung vnnd allt.
Wer Lust mit mir zu fechten hat d' thus nur baldt
Vnnd thue sich nitt Lanng besinnen
Mein feuer Thut dahaim Jm ofen⁴) brinnen
Taffelbig hab Ich hören krachen
Ich mus warlich haim, mus auswürden, einschießen, vnnd widerumb außpacken,
hiemit keiner veracht
Ich schlag drauff dz hercz Jm Leib kracht,

Auf dieser schul ist kein Parthey Recht Vnnd' oder obgelegen, Seinndt Vier Marxbrueb' vnnd zwen federfechter pluttig geschlagen worden. Hat ein federfechter vmb die zway krennzlein gefochten, vnnnd dz aine Jm schwert gewonnen, Vnnd nach außgang d' schul Raufften sich 2 brued' Rechtgeschaffen anein annd'.

(3 b) **Aßmus Aichler Schuster burger hie Ein Federfechter.**
No. 3. Adj 10 Maij.

Die ersten Reimen zu der Stanngen

Die Marxbrüeder vertrieben die federn gern
Vnnd können Jr doch nit enntbern
Sie sein all nacht d' federn fro
sonnste müesten sie ligen auf dem Stro⁵)
Vnnd solten den Winntter wol erfrieren
All Manschafft thut die feb'⁶) zieren
Zu d' schreib Ich mich Jn Gottes namen
Trotz euch Marxbrüeb'n allensamen
Wems nit gefellt vnd wolt mir dz weren
mit dem will Ich mich munb' beren⁷)

Die anndern zum Schwertt

Ich ficht gern aus kurczer Vnnd lang' schneiden⁸)
mein Kopff kan noch ein guten buff erleiden
Wer mich, mein Löblich hanndwerck, vnnd die herrn von der febe' Veracht
Den schlag Ich auff den Kopff, das Jm b' halß kracht

Auf diser schul seindt 5 Marxbrueb' plutig geschlagen Vnnd nur ein fed'-

---

¹) Gefider, Feder. ²) ein gutes Paar Mützen. Vergl. S. 16, Anm. 4. ³) Das Wappenthier der Marxbrüder ist der geflügelte Löwe, das der Veits-Fechter der Greif; s. S. 9. ⁴) Jm Backofen. ⁵) Also ist die Feder der Federfechter keine „Waffe"!! s. S. 9, Anm. 1. ⁶) am Hut; s. S. 3, Anm. 4. ⁷) d. i. schlagen. ⁸) die eine Schneide des Beidenhäusters heißt die lange, die andere die kurze Schneide; s. S. 13, Anm. 2.

fechter Im Duffecken¹) mit dem ort²) gestoffen worden, haben die federfechter
balde krenntzlein gewonnen.

(4 a) **Georg Grumpach von Glochaw**³) **ein Kürßners gesell vnnd ein Marxbruder**
No. 4. Abj. 17 May.

          Die ersten Reimen zu der Stanngen
Du Edler Löew thue auf deine glib',
Laß dich den falschen Greiffen nit truden nid'
Weil er mit seinem Stolczen Hochmut vnd Pracht
Die Kay: freyheit die Bruderschafft von S: Marx b'racht
Ob er sich gleich Inn die Lufft thut Rumb schwingen
So thust du Edler Löw Im Walld herumb springen
Mit Im zu streitten ist er bereit
Frisch her vnnd dran dann es ist Zeitt
          Die anndern zum Schwerdt
Ein schones maidlein hab Ich gefunnden,
Dz hat mir meinen Crannz gepunnden
Vnnd darneben mich fleißig gebetten
Ich solt In keinem federfechter geben
Vnnd soll sie gewehren Irer bitt
Dieweil sie haben kein freyheitt nitt.⁴)

Auf diser schul seinnd 5 Marxbrüed' vnnd 5 fed'fechter pluttig geschlagen
worden, hat uff Jed' seitten ein schuler⁵) ein krennzlein gewonnen.

(4 b) **Hanns Schuler von Statt Eschenbach ein Schuchmacher vnd Federfechter.**
No. 5. Abj. 24. May.

          Die ersten Reimen zu der Stanngen.
Euch deß Löewen brüed' bitt Ich gar schon
Wollt mir uff dieser meiner schul heut nichts than
Ich förcht es werde on ein Strauß nicht gehen auß
Drumb Ir Löewen brüed'. kompt fein munb' vnnd ziecht euere dicke wammester aus,
Ir des Loewen brüed'. muest mich recht verstan
Mein Kopff. vnnd die halb stanngen mus am ersten dran
          Die anndern zum Schwertt.
Mit freuden aus frischem freyen mut thue ich mein schwertt schwingen
Ich ficht gern aus kurtzer vnnd lang' klingen
Kein schonere kunst ist auf dieser Erdt
Dann wann man ficht aus freyer kunst Im Laungen schwerdt.

Ist ein Leselß schul gewesen haben die Marxbrüed' Ire dicken Wammester
nicht außtzehen, vnnd die feb'fechter Ire wameß nicht anlegen wöllen, hat d'halben
wenig fechtens geben, Ist ein feb'fechter vnnd ein Marxbrub' gestoffen worden,
vnnd haben die feb'fechter baide krenntzlein gewunen.

(5 a.) **Steffan Christan von Nürmberg ein Kanndelgieffersgesell, vnnd ein
Marxbruder.**
[No. 6.]   Die ersten Reimen zu der Stanngen.
Schwing dich auf Loew du Edels Thier
schaw dich für dem falschen Greiffen für,
d' mit seim Hochmut vnnd Stolczen pracht
Die Bruderschafft von Sannt Marx veracht,

---

¹) Tesak, säbelähnliche [„trumme", S. 22] Holzwaffe, auch der Marxbrüder! — ²) Ort =
Spitze. ³) Glogau. ⁴) Vergl. S. 10. ⁵) Ein noch nicht Meister gewordener Fechter.

Derhalben Will Ich mich heut zu Ehren
Mit den federfechtern munder rumb Beren
Drumb frisch her Inn Gottes Namen
Wir wolln ein annd' schon empfanngen.

   Die anndern zum Schwertt.
Frisch her Ir federfechter an diesen Tanntz
es gillt ein schonen Rosen Kranntz
Ich hab mir ein pletzlein laſſen Kheren
Darauf wöllen wir aneinannd' Rumb beren
Ich hoff es soll mir heüt gelingen
Darumb thue Ich mein schwertt auf schwingen

 Auf dieser Schul ist ein fed'fechter mit d' helleparten ein wenig Ins Maul vnnd gleicherweiß d' haffner Inns Khin. auch sonnsten Noch 3 Marrbrüed' pluttig geschlagen worden, seind beede Crenntzlein den Marrbrüed'n gegeben worden. wie wol sie keinen pluttig geschlagen.

 (5 b.) Adj 8 Juny Ao. 1579. Welches war der annder Pfinngst feyertag. Ist darumb dj die fechter fast alle auf des Marggrafen Schleſſen vnnd Fechtschulen gen Culmbach gezogen. Kein Fechtschul gewesen.

   Dornach am Sontag den 14t. Juny

 Ist dem Augustin Staidt einem Meſſerer[1]) die fechtschul zuhallten vergunt worden. welln die fecht' Noch nit her kommen waren

  (6a) **Augustin Staidt ein Meſſerer vnnd Federfechter.**
No. 7. Adj 14 Junij.
Ich bin ein Kaufman klein ist mein gewin
Schleg vnnd stöß die gib Ich hin,
Straich vnnd Büff nim Ich dran[2])
Mit einem eisern Flederwisch kher Ich den Staub daruon.

   Die anndern zum Schwertt
Frisch her zu mir als Ich zu dir
Rectzl du mir, So scher Ich dir[3])
begert mich einer zuuerletzen
Er mus mir souiel dran setzen,
Wer mich vnd mein Loblich hanndwerck veracht
Den schlag Ich auf den Kopff dz Im dz hertz Kracht

 Ist gar ein haillose schul. vnnd Eben wie d' Fechtmaister[4]) gewesen, hat ein Marrbrud' dj aine krenntzlein gewonen, das annd' hat man einem fed'fechter eim Meſſerer aus gunst geben, het pillich auch dem Marrbrud' geburt welchers auch Redlich gewonnen.

 (6 b.) Adj. 21 Junij Ao. 1579 hat hernachbemelter Debold Boll die fechtschul angeschlagen aber darumb das es fast den selben ganntzen Tag geregnet, nit gehallten.

Debold Boll Schuchknecht von Nürmberg, jetziger Zeit Churfürstlicher Sechſiſcher Trabannt, ein federfechter.[5])
No. 8. Adj. 23 Juny

---

[1]) d. i. Meſſerschmied. [2]) Vergl. S. 13, Anm. 9. [3]) Denselben Sinn hat das alte Wort „zwagstu mir, so schir ich dir", s. S. 18. [4]) Staidt war also auch ein heilloser, ein überkühner Fechter. [5]) Vergl. S. 31, l. Spalte.

Die ersten Reimen zu der Stanngen.
Frisch her vnnd Redh ich hab vernommen
Es seinnd frembd fechter von Culmbach kommen[1])
Den Thut es so leden[2]) Zorn,
Dz mir die heuttig schul ist worn
Vnnd wollen mich drumb abpleyen
Ich gib nichts drumb es soll sie gereuhen
Ich sicht In Larmg vnnd kurtzer schneidt
Vnnd wehr mich Mannlich meiner heutt
Vnnd thue nichts nach mein feinden fragen
Wie dz gemein SPrichwortt thut sagen
Welcher da wilde Schwein will hetzen
D' muß hundsköpff dran setzen.
    (7a) Die anndern zum Schwertt.
Inn meine hanndt nim Ich dz schwert
Wie es d' Martzbruder an mich begert
Ficht Ich mit Im on allen Zorn
Vnnd schlags[3]) mund' zwischen die ohren
Dz sich die schwertter zusamen schwingen
Vnnd die Roten plumen vber die Nasen Rinnen
Triffst du mich so laß Ichs geschehen
Fehl Ich dein du wirsts wol sehen

Auf dieser Schul Ist d' Fechtmeister. Im schwertt vnnd sonnst noch ein federfechter zwaymal Im Duffecken geschlagen worden, So hat d' lend' Goldschmidt,[4]) dz kleine Kürßnerlein[5]) Christoff genant, Im Duffecken auch pluttig geschlagen vnnd vff yed' parthey ein schuler ein krenntzlein daruon gebracht.

(7b) **Christoff Jung von Preßlaw, ein Kürßners gesell vnnd ein Martzbruder**
No. 9. Adj. 5 Julij
    Die ersten Reimen zu der Stanngen.
Ein Martzbrud' bin Ich worn
Dz thut den federfechtern Zorn
Dann Ich gedenndt was vmb ein gennßfed' mag sein
Man Liehe mir nit drauf ein halb seidlein wein,
Was solt Ich dan haben der Gennßfed'n ehr
Schilt vnnd helm ziern mich viel mehr
Die Kay: Mayt: Martzbrüedern thut geben
Die nach solcher Ritterlicher kunst streben
Dann Gennßfed'n vnnd Khil
Braucht man nit zum Ritterspil
Dann hert federn binn Pappier schwartze Dinnten
Soll man Inn den Schreibstuben finnden.
    Die andern zum Schwertt
Du Edler Martz bist preisens vol
Weil dein Hauff klein vnnd hellt sich wol
Auch von Kay: Mayt. ist auf gericht
Trumb hab Ich mich zu dir verpflicht, (8a)
Von deinet Wegen will Ichs Wagen
Will manchen fed'fechter helffen zwagen
Mit Stahl vnnd vngepreundten Aschen
Wöllen wir einannd' schmeissen auf die prott baschen[6])

---
[1]) s. Blatt 5 b, S. 36.   [2]) ob „leiden" zu lesen ist?   [3]) d. i. schlage sie.   [4]) Vergl. S. 38.
[5]) Kürschner = Martzbruder, s. S. 17, Anm. 1.   [6]) die Brottasche: der Mund.

Auf dieser Schul seinnd zwen Marrbrueb' ein Matster vnnd ein schuler vnnd zwen schuler seb'fechter geschlagen worden, Haben die Marrbrueb' beede Crenntzlein gewonnen, Ist das aine nach gunst außgeben, Vnnd vmb das ander gar nit gefochten worden.

(8 b) **Georg Lenncker Goldschmidt von Ludwigschargast Ein Federfechter.**
No. 10. Adj. 12 July.

    Die ersten Reimen zu den Stanngen
  Auf diesem ganntzen Erden traiß
  kein Edler Creatur Ich waiß
  Die Jedesmals geboren ward
  Alls nur den Edlen greisen zart
  Welcher mit seiner Manheit starck
  beczwingt sein frinndt den Loewen arck
  Erwirbt darburch mit seinem fleiß
  d' Edlen seder Lob vnnd preiß,
  Drumb Edler Greif der seder zu ehren
  so Will Ich mich heut Mannlich wehren
  Dann Ich verhoff mit meiner hanndt
  Vnnd mit hilff Gottes beystanndt
  d' Tollen Marzbrüeder Muttwillen
  Mit meinem schwertt gar wol zustillen
  Wer mich daruon zutreiben begert
  Ter hab nur achtung auf mein schwertt

Nach solchem nam er ein schwert In die hanndt vnnd sagt
(9 a) Ich stell mich für Inn Gottes namen
  Vor euch Marzbrüedern allen samen
  Mit euch zu fechten Inn allen wehren
  Der Edlen seder zu Lob vnnd Ehren
  Durch eines Erbarn Raths Vergunst
  Auß freyer Ritterlicher lunst,
  Mich heutt zu freyen[1]) diesen Tag.
  Welcher mich nun Probirn mag
  Der lomb herbej Vnnd heb frisch auf
  Inn Gottes Namen schlag Ich drauf
  Run Edler Greif da gelob Ich an
  Tir vnnd d' federn bey zu stan
  So lanng dieweil Ich hab dz leben
  Vnnd mir Gott thut genade geben
  Das Ich mag süeren mit bestanndt
  Dz Löblich schwertt In meiner hanndt.

    Die anndern zum Schwert
  Die Marzbrüeb' seinnd von Mennschen erdicht
  Göttliche Maht. hat die federn aufgericht[2])
  Ir Lob Ist auß zu sprechen nicht
  Drumb hab Ich mich zu Ir verpflicht (9 b)
  Mit der federn wil Ichs auch hallten
  Vnnd es allain Got lassen wallten
  Sollt mir drob werden mein Kopff zuspallten[3])
  Drauf thue Ich heut Mein erste schul hallten,

---

[1]) freien, b. i. er darf sich heut zum Meister des langen Schwertes schlagen lassen, wenn er den ihn „probirenden" Gegnern ein Genüge thut. [2]) er hat die feder-tragenden Thiere geschaffen. [3]) b. i. zerspalten.

Auf dieser schul seinnd zwen seb'fechter vnnd ein Marxbrud' pluttig geschlagen worden, vnnd yede parthey ein Crennzlein davon pracht
    Vnnd stunde vunder seinnen briesen¹)
        Diese Vers,
    Wer diese Kunst will sehen gern
        Der komb hinauf zum gulden Stern²)
    Vngefehr zwo stunnd vor Mittag
        So finndt er platz souiel er mag

(10 a) **Georg Spieß von München ein hafner vnnd Marxbruder**
No. 11. Abj 19 Julij.
        Die Ersten Reimen zu der Stanngen
    Frisch her vnnd dran
    Auf den abent sicht man wers best hat than
    Der Goldtschmidt³) wollt mich am Sonntag fressen vnnd schlagen
    Vnnd hat selber die Büff von d' schul weg tragen,
    Vnnd sagt wir sinndt erdicht
    Ir federfechter seidt von Kay: Mayt. aufgericht
    Tz hast du Reimen weiß ein her zogen,
    Aber Ich sprich es sej weit erlogen
    Trum Merck mich recht durchaus
    Zeuch mir den Freyheits brief vnnd Sigel heraus,
    Gleichwol die rechten herrn vonn d' federn⁴)
    hallt Ich mit Irer schrifft vnnd annder kunst Ihn ehren,
    Aber auf die ein gestickten federfechter will Ich alle zeitt beren,⁵)
(10 b) Die anndern Reimen zum Schwertt.
    Ich schwinng mein schwertt In diesem hauß
    Kompt her, Ir federfechter treibt mich naus,
    Vor mir habt Ir weder rast noch ruh
    schont mir der schwertter schlagt sonnst fein wacker zu,
    Ob sich schon der greif In d' lufft thut auffschwingen
    So thut d' Loew Im waldt herumb SPrinngen
    Mit Im zustreitten ist er bereitt
    Auf Auf, Ir federfechter es ist Zeitt
    Klöpper dich hasenscherber, dumel dich Kürßnerßknecht⁶)
    Kompt her, Ir federfechter treibt mich weg

Auf dieser schul ist d' aine forfechter Im schwertt ein Kürßners gesell offentlich vor Meniglich zu einem schelmen gemacht,⁷) Vnnd alß er hernoch haimlich'weise von d' schul entlauffen wöllen, vnnd' dem Thor, Im hoff zum gulden Stern, von ettlichen hanndwerckßgesellen mit (11 a) feüsten. Redlich abgeschmirt worden. Darumb das er wid' die ordnung. vnnd aller fechter verbott, vnd Alt hergebrachten prauch einen Rid'lennd', so ein seb'fechter vnnd mit Ime Im schwertt gefochten, Muttwilligerweise Mitt dem Knopff vff den Kopff gestossen.⁸). Vnnd seinnd sonnsten auff jed' parthej drej pluttig geschlagen worden Hatt ein federfechter vmb die zway krennzlein gefochten, das aine Im Dussecken gewonnen. Vnnd bj annd' Im schwertt verlorn.

---

¹) unter dem öffentlich angehefteten Anschlag- (Einladungs-) Briefe. ²) Der „golbene Stern" ist das Wirthshaus, in dem die Fechtschule stattfand. ³) s. S. 38. ⁴) die rechten Feder-Herren, die Gelehrten. Vergl. unten die No. 12 und No. 19. ⁵) schlagen. ⁶) Der Sprechende ist ein Hafner (Töpfer) und als Marxbruder wie seine Genossen ein „Kürschner". Vergl. S. 37 u. S. 17, Anm. 1. ⁷) für ehrlos erklärt worden. ⁸) Vergl. oben („Ort" und „Knopf") S. 10 u. 22, r. Sp.

(11 b) **Thoma Han von Lübeckh ein Tuchferber vnnd federfechter**
No. 12. Abj 26. Julij.

Die ersten Reimen zu der Stanngen

Frisch her Ich hab vernomen
Es seinnd frembde fechter komen,
So kompt heut Ir Marxbrüed' vf meinen Tantz
Wir wollen fechten vmb ein Rosen Crantcz.
Mit Kurtzer scharpffer klingen
Dz Vnns dz plutt vber die Ohren soll herab Rinnen
Du federn, du bist preissens Vol
Dz hortt man an allen ortten wol,
Darbej will Ich auch pleiben,
Vnnd soll mich kein Mennsch daruon treiben,

Die anndern zum Schwertt

Die Edel federn schwinng Ich auff¹)
Von deinnet wegen schlag Ich drauff (12 a)
Ich treff oder werdt getroffen
Auf Gottes beystanndt thue Ich hoffen,
Wer mich, mein ehrlich Hanndwerck, vnnd die herrn Von d' feder veracht,
Den schlag Ich zwischen die Ohren das Im b' halß kracht

Vff dieser schul Ist ein fed'fechter Vnnd ein Marxbruder pluttig geschlagen worden, Vnnd haben die feder'fechter die zway krentzlein gewonnen.

(12 b) **Cunradt Fridweg ein Altreiß²) vnd Marxbruder.**
No. 13. Abj 2. Augustj

Die ersten Reimen zu der Stanngen

Die Marxbrueder mit Irer kunst
haben bey Fürsten vnnd herrn gunst
Auch bey Röm: Kay: Mayt. Freyheit vnnd ehr
Dz Vberkomen die federfechter nimer mehr,
Drumb frisch her Ir federfechter on allen schertz
Vnnd wer dann hat ein Manntz hertz
Der Kom herauf auf disen plan
So wöllen wir sehen welches am pesten kan
Vnnd aneinannd' vmb den Kopff gehen wie d' Püttner Bmbs fas,
Wers nit wol kan, b' lerne es baß.

---

¹) Dies ist die einzige Stelle unserer Fechtschulreime, wo die Schreib- und Bettfeder (S. 34; S. 37) der Veitsfechter bildlich — man vergl. den Fidelbogen des „Spielmannes" der Nibelungen — eine Waffe genannt wird —: man übersehe jedoch nicht, daß die Reime sich hier auf das lange, das Schlacht-Schwert, den Heldenfäusten der alten Fechtkunst beziehen!! — Bedürfte es noch weiterer Zeugnisse dafür, daß es niemals eine — „leichtere" oder schwere — Fechtwaffe „Feder" gegeben, so könnte man an die Schreibkunst des jungen Gargantua in Fischart's Geschichtklitterung (Ausg. von 1600 S. 172b) erinnern: „Da wußt er, was mit dem breyten Theil, was mit Fleche der Feder zu mache, wußt das recht vnd linck Ed der Feder, jr Spitz vn schneid, wie die Fechter auf jhren Wehren (dann die von der Feder [die Gelehrten] geben gute Fechter, vnnd schirmen [etwa als Advokaten!!] mit Federklingen vnd Lemmerlengeln manche auß dem Land)." — Adelung's bescheidener Versuch, das Wort Federfechter zu deuten („vermuthlich von einer Art des Gewehres, welches ehedem den Namen der Feder geführt haben mag," gramm.-kritisches Wörterb. von 1775) ist von den ihm Nachsprechenden alsbald als die Lösung des in dem Namen Federfechter liegenden Räthsels betrachtet worden; s. oben S. 9. — Schmid (Schwäb. Wörterb., Stuttgart 1831) erklärt Federfechter: „der mit einer Feder d. i. einem befiederten Spieße ficht" [!!], s. die ausführliche Darstellung in Jahn's d. Turnkunst S. 278—285." — Der bisweilen „Saufeder" genannte Jagdspieß war jedoch zu keiner Zeit eine Waffe der Fechtkunst!
²) d. i. ein Flicker alter Schuhe und Stiefel. —

Die anndern zum Schwertt,
Du edler Loew. nun schwingg dich auf,
Von deinet wegen schlag Ich drauf (13 a)
Ich dreff, oder werde getroffen
Auf Gottes beystanndt thue Ich hoffen
Der Wölle mich auch heut beschützen
Von wegen d' Bruderschafft von S: Marx Laß Ich mich heut Nützen.

Auf dieser schul hat es viel zanndens geben Seinnd zwen Marrbrüeder. Vnnd vier federfechter pluttig geschlagen worden hat Jede parthey ein krennzlein dauon bracht.

(13 b) **Wilhelm Aichler ein Schuchmacher vnnd Federfechter**
No. 14. Adj. 9. Augustj.

Die ersten Reimen zu der Stanngen.
Ir Marxbrüeder troet mir auß stolzem mut
Ir wolt mich schlagen dz mir der kopff plutt
so kompt nur her. an diesen Tannz
es soll nit gellten einen Rosen krannz
sonnder dz Rot plut auf dem Haupt
Dz eim zu thail wirdt ders Jetzt nit glaubt
Dann wer mich an meinem Leib will verletzen
d' mus nur ein dicken Marxbrub'skopf daran setzen

Die anndern zum Schwertt.
Frisch her Ir Marxbrüed' zu mir geschwinndt
Souiel alß euer zu Nürmberg sinndt
Mit euch zu fechten steet mein begir
Drumb hebt auf. Vnnd fecht dapffer mit mir
So wollen wir einannd' auß klopfen dz Leder
Dieweil Ir stets naget an der Feder, (14 a)
Vnnd wollt die gar zureissen
So muß man euch auf die grossen meuller schmeissen
Das darüber laufft dz plutt
Solche lappen¹) seinndt euch Marxbrüed'n gut.

Auf dieser schul seinnet drey federfechter. Vnd Nur ein Marrbruder pluttig geschlagen worden vnnd haben die federfechter die zway krennzlein gewonnen.

(14 b) **Hainrich Doll von Puchholt ein Niderlendischer Tuchferber Vnnd Marxbruder.**
No. 15. Adj. 16 Augustj

Die ersten Reimen zu der Stanngen
Schwinng dich auf du Edler Loew In deinem krausen har,
Vnnd nim dir deß greiffen eben war,
Das er dich nit thue Vnndertrucken
Mit seinen argen bösen Stücken
Der mit seinem grossen prall vnd Pracht
Die frey Ray: Brud'schafft von S. Marx so gar v'acht,
Ob sich gleich d' Greiff thut Jn lufft herumb schwingen
So thut der Löw Im waldt herumb springen,
Will er dich Kratzen od' peissen
So thue Jn Dapffer of sein schnabel schmeissen

---

¹) Vergl. S. 16, Anm. 4.

So muß er wid' fliehen Von dir,
Vnnd hast du Löw den ganntzen waldt an dir
Drumb will Ichs mit dir, Vnnd d' Brud'schafft Von sannt Marx hallten
Sollt mir darob werden mein kopff zurspalten.
    Die anndern zum Schwertt.
Frisch her. Ir federfechter an diesen Tanntz
Es gillt mir Vnnd euch ein schönen Rosen krantz (15a)
Ich ficht mit euch aus kurtzer vnnd lanngen klinngen
Dz Vnns die Roten plumen Vber die nasen rinnen
Meinem kunstreich Löblichen Handwerck zu ehren
Vnnd die Kay: Brud'schafft von S: Marx zu mehren

 Auf dieser schul seinnd drey Marxbrüed' vnnd drej federfechter pluttig geschlagen worden. Vnnd hat Jede parthey Ein kreuntzlein gewonnen.

(15b) **Hanns Weyß ein Schuchmacher von Nürmberg vnnd ein Federfechter.**
No. 16. Adj. 23. Augustj
    Die ersten Reimen Inn der Stanngen.
O Du armer Marx, du must heut Zunnder
Die federn ist Leücht, vnnd hellt sich munder
Ob schon deine brüed' sich machen willdt
Werdens doch offt von b' federn gestillt.
Drumb ehe Ich wollt ein Marxbrud' sein
Ehe wollt Ich nimmer drinncken Wein
Wer mich drumb will verletzen
D' Muß sein kopff an meinen setzen
    Die anndern zum Schwertt
Frisch her All Ir Marxbrüed's Tropffen
Wir wöllen einannd' die haut außklopffen
Vnnd fechten auß kurtzer vnnd lanng' schneiden
Mein kopff kan noch wol ein buff erleiden
Trifft mich schon ein Marxbrud' schald
Ich schlag In wider auf den pald
Fecht Redlich, vnnd peltz bapffer zu
schaw. Ob Ich deiner fehlen thue (16a)

 Auf dieser Schul seinndt die feberfechter Obgelegen, sechs Marxbrued'. Vnnd nur ain feberfechter ein Wenig pluttig geschlagen worden. Seinnd drey Crenutzlein gewesen, die zway hat ein feberfechter. Vnd dz britt ein Marrbrud' gewunnen.

Wilhelm Seidenpanndt von Kempten ein Schwartzferber. Vnnd Marxbruder.
No. 17. Adj 30. Augustj
    Die ersten Reimen In der Stanngen.
Frisch her vnnd dran
secht[1]) was Ich vnnd mein Vorfechter kan
Wer mich vnnd sie will vertreiben
d' Muß viel slöß vnnd blüff erleiden
   (16b) Die anndern zum Schwert.
Ich schwing mich auf im Ramen Jhesu Christ
Ich förcht kein feberfechter wie willt er ist
Ist einer so willd alß ein Beer
So fürcht Ich Gott Im Himel. vnnd kein feberfechter nimermehr
Ich will Ob der Brud'schafft von S: Marx hallten
Vnnd sollt mir werden mein kopff zerspallten

---

[1]) d. i sehet.

Auf dieser schul seinnd zwen fed'fechter ein wenig pluttig geschlagen worden. Vnnd haben die Marrbrued' die zway krennßlein daruon bracht, aber dz aine krennßlein Im Duffecken. Ist von dem Marrbrud' wie Menniglich gesehen nicht Redlich gewonnen, Sonnd' Ime weiln es d' fed'fechter auch nicht haben wollt, auß gunst gegeben worden.

(17a) **Petter Fischer ein Holßdrechssel vnnd Federfechter.**

No. 18. Mj. 6 September

Die ersten Reimen In der Stanngen.

Die edle feder hat dz Lob
schwebt allen Ellemennten ob
Dem feuer. Wasser. Lufft vnnd Erdt
Wirdt auch' von Fürsten vnnd herrn geehrt
Drumb mus den Marßbrüed'n besser glücken
Wänn sie die federn Vnnbertrüden.
Die feder mus doch schweben ob
Vnnd für Inen behallten dz Lob,
Wer die federn Vnehrt, d' ist nicht werdt
Dz er ein schwerdt soll füeren auf Erdt,

Die anndern zum Schwerdt

Ich schwinng mich' Im Namen Jhesu Christ
Der alle Zeitt mein schutzer ist.
Die Marßbrüeder lauffen nur gern ein
Vnnd schlagen wie die Tresch' drein
Der Fuchsschwennß steckens souiel ein
Das Inen die Wammes werden zu klein (17b)
Darauf sie thůn sein. vnnd wagens drein
Wie gering vnnd klein ire künst sein
Ir Marßbrüeder habt Ir ein Mannßherß
So fecht nach Innhalt des Lanngen schwerts
fein lang. steet wol In allen wehren
Wer künstlich ficht dem soll man ehren
Frisch her. bieg Ich mich nicht, So biegt sich mein schwert
Dannoch bleib Ich eins ehrlichen fed'fecht's werth

Auf dieser schul ist ein geschmeidmach' oder gurttler gefreyet.[1]) Vnnd drej Marßbrüed' von Ime pluttig geschlagen worden, hatt Jede parthej ein krenßlein gewonnen.

(18a) **Caspar Bacher von Dreßen ein Marßbruder.**

No. 19. Mj 13 September

Die ersten Reimen Inn der Stanngen

Frisch her Ir feder fechter mit euerm grossen prallen vnnd prachten
Ir thut die Marßbrüed' so gar Verachten
Vnnd konnt. vnnd mögt doch dieselben nit vertreiben
Dz ist manncheim fed'fechter ein grosses leiden
Die Rom: Kay: Mayt: hat den Marßbrüed'n geben schilt helm vnnd Ehr,
Das Kriegen die von d' fed'n Nimmer mehr[2])
Es thut sich auch mancher Von d' feder nennen
Vnnd kan kein Buchstaben schreiben lesen noch kennen[3])
Ein Marßbruder bin Ich worn

---

[1]) zum Meister gemacht, vom Lernen freigesprochen worden; vergl. S. 31, r. Spalte. [2]) Vergl. S. 7 u. 10. [3]) Vergl. S. 34 Anm. 5. Die „Feder" ist keine „Waffe" —.

Das thut Manchem feder fechter zorn
Vnnd wann Jn gleich prech hertz, mut vnnd sin
So pleib Jch ein Marzbrueb' wie vorhin.
Die anndern zum Schwertt
Jch schwinng mich auf Jm Namen Jhesu Christ
Jch förcht kein fed'fechter zu aller frist (18 b)
Er sey gleich Lanng kurtz ob' dick
So ficht Jch mit Jm auf gut gluckh
Trifft mich einer So laß Jchs geschehen
Fehle Jch kein Man wirds wol sehen
Meineim hanndwerckh, Vand allen Marzbrüeb'n zu ehren
So will Jch mich heut diesen Tag Meiner heut dapffer wehren,

Auff dieser schul seinnd zwen Marrbrüeb' vnd zwen federfechter pluttig geschlagen Jst vmb das aine krennplein Jm schwertt nit gefochten. Vnnd vmb das Jm Dussecken b' fed'fechter mit dem hinnd'n ortt¹) gestoffen worden. Also das die Marrbrueb' bede Crennplein darvon bracht.

(19 a) **Hanns Hagenmüller vom hoff ein Schreiner vnnd federfechter.**
No. 20. Adj 20 Septembs:
Die ersten Reimen zu der Stanngén
Jch schwinng mich auf Jn Gottes glück
vor keinem fechter Jch erschrick
Er sej gleich kurtz lanng oder dick
So ficht Jch mit Jm all augenplicklh.
Die anndern zum Schwertt
Frisch her Jr Marzbrüeb' an diesen Tantz
Wir wöllen fechten vmb ein Roten Rosen krantz
Das die schwertter klingen
Vnnd die Roten Rosen vber die Nasen rinnen
Wer dz Gluckh hat wird off den Abent sinngen

Auf dieser schul seinnd zwen Marrbrüeb' vnnd ein federfechter pluttig geschlagen worden, Vnnd ist uff Jede parthey ein krennplein gefallen ic.

(19b) **Jacob Kreiser ein Kürßnersgesell von Dantzigk ein Marzbruder.**
No. 21. Adj 27 September
Die ersten Reimen Jnn der Stanngen.
Du Edler Loew thue auf deine glider
laß dich den falschen Greifen nit trucken nid'
Weil er mit seinem stolzen Hochmut vnd pracht
Die Bruderschafft von S: Marx so gar veracht
Ob sich schon der greif thut Jm lufft herumb schwinngen
So thuest du edler Loew Jn dem Waldt herumb springen
Mit Jm zu Streitten ist er bereit
Frisch her Jr federfechter, dann es ist Zeitt
Die anndern Jm Schwertt
Frisch her laß schnappen
es gilt mir Vnnd dir ein guts bar lappen²)
Es sej gleich trucken oder naß³)
Wie es auß kurtzer vnnd lannger schneiden⁴) gerathen mag

---
¹) das hintere Ende (Spitze). ²) f. S. 41. ³) S. 13, Anm. 6. ⁴) Prof. Maßmann hat (Serapeum von 1844, S. 53) die Bezeichnung der „kurzen Schneide" in Joach. Meyer's Fechtbuch von 1570 mit »KV. S« dahin mißverstanden, daß er in diesen Buchstaben das Monogramm des Zeichners der Holzschnitte finden möchte —. Vergl. hier S. 13, Anm. 2.

Auff dieser schul seinnd zwen Marxbrueb' pluttig geschlagen worden, Vnnd hatt Jede parthej ein Crennßlein daruon bracht

(20a) Hainrich Müllner ein Goldschmidt Vnnd federfechter.

No. 22. Adj. 4 October

Die ersten Reimen Jnn der Stanngen
Frisch her Jch hab mir lassen sagen
Wie mich die Marxbrueb' wöllen stossen vnnd schlagen,
So thue ich nit viel darnach fragen
Wer weiß wer den annd'n thut Jagen
    Die anndern Jm Schwertt.
Jch schwing mich auf mit meinem schwertt
Jch ficht mit einem wie ers begertt
Vnnd gib mich nit wie weissen horn[1]
Dz thut all meinen feinnden zorn.

Auf dieser schul ist ein federfechter ein Wenig pluttig geschlagen worden. Vnnd hat Jede parthej ein Crennßlein daruon bracht.

---

[1] Ob ein Fechter, Namens Weissenhorn, damit gemeint ist?

III.

Ehren Tittel vnd Lobspruch
der
Ritterlichen Freyen
Kunst der Fechter, auch
ihrer Ankunfft, Freyheiten vnd
Keyserlichen Priuilegien, etc.
Gestellet durch
Christoff Rösener Bürger in Dreßden,
vnd durch Keys: May: Freyheit,
Meister des Schwerts.[1)]
Anno 1589.

[Auf der Kehrseite des Titelblattes von Rösener's Gedicht stehen die Reime:]

 Welcher begert berichts genung,
  Der Fechter Kunst vnnd jhrn Vrsprung,
 Der less mit fleis dieses Tractat,
  Dann er drinn schönen bericht hat.
 Wer die Fechtkunst hat angefangn,
  Auch jhr Befreyhung, vnd wie lang,
 Solche Fechtkunst erfunden ist,
  Steht alls hierinn, wer fleißig list.
 Der wird sich auch verwundern sehr,
  Was Fechten bringt für grosse Ehr,
 Denn die Fechtkunst bey grossen Herrn,
  Geruhmet wird, vnd bringt zu Ehrn,
 Den, der das Fechten sehr wol kan,
  Mag hieruon vnterhaltung han.
 Er kan bey grossen Potentatn,
  Hierdurch in grosse gnad gerahtn.

[1)] Der Titelholzschnitt stellt die sog. „Krone" zweier Fechter im langen Schwert dar; die Krone ist eine Deckung gegen den Scheitel- (Kopf-) Hieb und besteht darin, daß die rechte Hand vom Griff los läßt und die Klinge faßt und das so mit beiden Händen wagerecht über den Kopf gehobene Schwert des Gegners Hieb zwischen den Händen auffängt.
 Ich gebe Rösener's Gedicht nach einem von Herrn Gustav Freytag mir zur Benutzung bereitwilligst überlassenen und einem weiteren Exemplare der Hofbibliothek zu Weimar. Jede Seite des Druckwerkes ist mit einer Arabesken-Einfassung in Holzschnitt geziert.

[Blatt 2 (bezeichnet „A ij") enthält das folgende Vorwort:]

Zu Ehren Dem Edlen vnd Wolgebornen Herrn, Herrn Wenzelao auff Schmirzßky, Herr auff Nacht vnd Quarz, etc. Meinem gnedigen Herrn. Gottes gnad vnd segen durch Christum vnsern Erlöser, Amen.

Wolgeborner, Gnediger Herr, das ich dieses Tractetlein, die Ritterliche vnnd weitberümbte Kampff vn Fechter Kunst betreffend (Der sich Keyser, König, Fürsten vnd Herrn gebrauchen, auch alle diejenigen, so sich derer Kunst üben, mit Prouision vnnd vnterhalt vorsehen vnd befordern) in Druck gegeben vnnd Publiciren lassen, ist nicht ohn erhebliche vrsach geschehen, Sondern dieweil wie gemelt, grosse Herren vnnd Potentaten [2 b] diese Ritterliche Kunst ehren vnd fordern, Also, das sie von etlichen Keysern mit Priuilegien vnnd Freyheiten begnadet worden, das die jenigen, welche diese Ritterliche Kunst gelernet vnnd gebrauchen, was Marrbrüder sein (Die Feder-Fechter ausgeschlossen) einen offenen Helm, neben einem starcken Lewen führen mügen. Weil mir dann wissend, das E. Gn. selbst diese Ritterliche Kunst üben, vnd an derselben Hoff täglich durch eigene Fechter brauchen lassen, Als hab ich dieses Tractetlein (neben einem angehengten Gesangk) darinn das ganze Fundament der löblichen Fechtkunst begriffen, E. Gn. zu Ehren in Druck vorfertiget. Bin demnach in vnterthäniger hoffnung, E. Gn. werden ihr dieses Tractetlein gnedigst gefallen vnd lieb sein lassen (wie ich auch hierumb vnderthenig bitten thue.) Dann E. Gn. ich sonst mit nichts bessers zu dem mahl zu vorehren vermüglichen. E. Gn. wollen also zu diesem mahl gnedigst vor lieb nehmen, Mein Gnediger Herr, wie bishero geschehen, sein vnd bleiben. Befehl E. Gn. in Gottes schuz vnd schirm. Geben in Dreßden, den 1. Julij, im 1589. Jar.

E. Gn.
Vnderthen.
Christoff Rösener
Meister des Schwerts.

Bericht vom Fechten. [3 a] *)

Eins mals gieng ich spazieren weit,
  Ins ebne Feld, vnd sah zur seidt,
Ein hübschen Jüngling her spaziern,
  Der fraget mich: Kan ich auch jrrn:
Auf diesem Weg, da ich jetzt bin:
  Da fieng ich an, vnd grüsset jhn:
Er dancket mir züchtiger massn,
  Balt trat er zu mir an die strassn.
DA fragt ich jhn, wo er hin wolt,
  Dasselb er mich berichten solt.

ER sprach: Ich wil hin an den Meyn,
  Mich zu Franckfurt da lassen freyn.¹)
Denn ich vor lengest hab begert,
  Meister zu sein im langen Schwerdt.
Auch sunst in aller Fechter Wehrn,
  Denn dadurch komm ich bald zu Ehrn,
DA sagt ich, Ja jhr geht hie recht,
  Bleibt auff dem Weg, er ist gar schlecht²)
Der wird euch bringen an den orth,

---

¹) mir aber die Freiheiten eines „approbirten" Meisters des langen Schwertes erwerben; bis jetzt bin ich nur ein „angelobter Meister": vgl. S. 8 u. S. 13, Anm. 1. ²) d. i. schlicht, richtig.
*) Das Druckwerk entbehrt der Seitenzählung; die in [—] stehenden Zahlen sind von mir hinzugefügt worden.

Da jhr hin wolt, geht jmmer forth.
Er fürt euch in die Stad hinein,
Welch jhr genandt, Franckfurt ant Main [3b]
Ich gieng mit jhm eine gute Eck,
Der Jüngling redet frisch vnd keck.
Da nam ich vrsach jhn zu fragn,
Vnd bat jhn das er mir wolt sagn.
Wo doch her kem: der Fechter Kunst,
Vnd jhr Vrsprung, denn ich jhr sunst,
Von jugent auff hett gunst getragn,
Der Jüngling thet bald zu mir sagn.
Ja, wenn ich hett mein sach verricht,
Ich wollt euch geben fein bericht.
Wer die Fechtkunst erfunden hat,
Aber ich fürcht, ich kom zu spat,
Gen Franckfurt hin, denn ich hab zeit,
Mich dünckt, der Weg sey zimlich weit.
Wann ich jetzund vorseumpt die Meß,
So würde ich durchaus vorgeßn.
Vnd muß noch warten ein gantz Jar,
Das ich euch jetzundt sag, ist war.

Ich sagt zu jhm, ey ich weis rhat,
Morgen frü fahr ich in die Stad,
Da kan ich euch fein nehmen mit,
Bleibt heut bey mir, das ist mein bitt.
Ja wenn ich dieses wer gewis,
Ich mich hierzu vermügen lies. [4a]
Ich sprach, gleubt mir ohn allen spat,
Lest mich leben der liebe Gott,
So fahr ich Morgen gwis hinein,
Kompt nur her vnd kert bey mir ein.
In Namen Gotts, ich laß geschehn,
Ich wil mit euch jetzt hinein gehn.
Seit mir willkomen in mein Haus,
Leget nur ab, vnd thut euch aus.
Man sol euch ein Handwasser gebn,
Auch ein bißlein essen dabebn.
Ey mein Herr Wirt, spart jr die müh,
Ich band, das ich hab Herberg hie.
Eßt jhr frey vnd laßt euch nicht grawn,[1]

Jhr mügt euch heint[2] mir gantz vertrawn.
Morgen wöllen wir weiter redn,
Von den Fechtern vnd jhrn geberdn.

Ja wils Gott, Morgen wil ich bald,
Berichten recht, doch in einfalt.
Ein guten Morgen mein Herr Wirth,[3]
Ihr habt mich recht wol angefürth,[4]
Ich hab geruhet mechtig wol,
Itzt sag ich euch was ich nur sol.
Ja, Jung Gesel ich hör es gern,
Was jhr mir sagt, ich möchts wol lern.[5] [4b]

Die Ritterlich Kunst ist aufflomen[6]
Hat jren ersten vrsprungt genomen
Eh wann[7] Troia zerstöret war
Etwas mehr denn eilff hundert Jar
Vor des HErrn Christi Geburt
Von Hercule erfunden wurd
Der Olimpische[8] Kampff mit nam
Inn dem Lande Arcadiam
Bey Olimpo dem hohen Berg
Inn diesem Ritterlichen Werck[9]
Kempfften zu Roß nackende Heldt
Wie Herodotus vns erzelt [5a]
Welcher denn Ritterlichen kempffet[10]
Die andern mit seim schwerdte dempffet
Derselbig[11] wurdt begabet gantz
Von ölbaumen mit einem Krantz[12]
Inn dem Kampff Hercules erdacht
Groß lob vnd preiß durch Heldes macht
Vnd auff setzet den Kampff fürwar[13]
Zu halten den im fünfften Jar
Mit grosser Herrligkeit allmal
Nach dieser Olimpischen zal
Die Griechen rechneten jr zeit
Polidorus des vrkundt geit[14]
Als[15] aber nun Hercules starb
Dieser Olimpisch[16] Kampff verdarb
Das er ein zeitlang von den Alten
In Griechenlandt nit[17] wurd gehalten

---

[1] grauen. [2] heut Abend. [3] Der Dichter nimmt also an, die Nacht sei vorüber. [4] recht wohl gehalten. [5] Hier fügt Rösener den „Fechtspruch, Ankunfft vnd Freyheit der Kunst" von Hans Sachs aus dem Jahr 1545 in sein Gedicht ein, indem er den Eingang ausläßt:
„Eins Tages ich ein Fechte, fragt
Bat jn freundlich das er mir sagt
Wo doch jr Ritterliche Kunst
Hett jren vrsprung, der ich sunst
Von Jugendt auff hett gunst getragen
Da wardt er wider zu mir sagen —"
In dem Folgenden gebe ich nun Hans Sachsens Verse, nach der Ausgabe Nürnberg 1570, I, 408 b, und merke Rösener's Abänderungen unter dem Texte an. [6] Die Ritter Fechtkunst — komm, | Vnd hat jhren Vrsprung genomn. [7] Eh denn. [8] Olimphische. [9] In Rösener's Buch ist hier ein Holzschnitt eingefügt: ein Kampf zweier Reiterschaaren. [10] Welcher nun — kempfft (deuupfft). [11] Derselbe. [12] Von Ölbaum, mit eim schönen Krantz. [13] Gebot, das man den Kampff solt gar | Halten allweg im fünfften Jar [14] — hielten diese zeit | Wie P. vrkund geit. [d. i. giebt]. [15] Als aber — [16] Climphisch. [17] nicht.

Den nach dem Jphitus sein Sohn
Hat widerumb auffrichten thon¹)
Eben gleich in voriger art
Nach dem Troia zerstöret wardt
Der lang ist²) bey den Griechen blieben
Wie Solimus vns hat beschrieben
Nach³) dem findt auch in Griechenlanden
Mancherley art Kampffspiel erstanden⁴) [5 b]
Etlich die nackend allenthalben
Mit dem Baumöl sich theten salben⁵)
Vnd Kampffweiß mit einander rungen
Jnn schranken wettluffen⁶) vnd sprungen
Nach dem erfandt König Pyrrhus groß⁷)
Den gewapneten Thurnier zu Roß⁸)
Vnd wie man soll inn Ordnung reitten
Genannt der Pyrrhisch sprung⁹) vor zeiten
Zu solchem¹⁰) kempffn vor langer zeit
Hat Mercurius zu bereit
Die jungen Kempffer in Kampffstücken
Auff daß jn thet der sieg gelücken [6a]
Hat also die erst Fechtschul ghalten¹¹)
Wie vns bezeugen denn die Alten¹²)
Diodorus vnd ander mehr
Es war die aller größte Ehr¹³)
Welicher da ein Krantz erfacht
Für alle Reichthumb, gwalt vnd pracht
Dergleichen auch das Kampff spiel kam
Jnn die mechtigen Stadt zu Rom¹⁴)
Da Saturnus¹⁵) ein Theatrum bawt
Darin das Volck dem Kampff zuschaut
Auff Merbelstein¹⁶) seulen gesundert
An der zal sechtzig vnd dreyhundert
Das aller größt¹⁷) Werck genannt
So ward gemacht durch Menschen hand
Darinn mit grosser prechtigkeit
Braucht man die Kampff spiel¹⁸) lange zeit
Das auff ein Kampf der Kempfer war

Offt mehr dann inn die tausent par
Sie fochten¹⁹) aber alle scharff
Einer den andern hieb, stach vnd warff
Mit schwerdtern²⁰), kolben, spieß vnd pfeil
Jeder hett ein schildtlein jm zu heil²¹)
Darmit er sich schützt inn der not
Vil blieben auff dem Kampffplatz todt [6b]
Vil hart verwundt die sich ergaben
Mancher art sie auch kempffet haben²²)
Auch mit beyheln vnd Vischgarn
Auch etlich Kempff bestellet warn
Mit Elephanten, Thiegerthiern
Mit Parden, Löwen, wilden Stiern²³)
Mit wilden Pferden vnd mit Bärn
An den mustens jr Kunst bewern²⁴)
On schaden gieng der Kampff nicht ab
Bey Fidena sich eins begab
Zu Keyser Tyberij zeit²⁵)
Das einfiel ein spielhaus gar weit
Zweintzig tausend Menschen erschlug²⁶)
So zusahen dem Kampffe klug
Nach dem aber die groß Stadt Rom
Zu Christlichem Gelauben kam²⁷) [7a]
Wurden abgeleint²⁸) die Kampffspiel
Dieweil es kostet Blutes vil²⁹)
Wider Christlich Ordnung vnd lieb
Dennoch ein stück vom kampf noch blieb³⁰)
Vil Helt kempfften in freyem Feldt
Vnd ritten zamb in finster Wäldt³¹)
Als Ed vnd der alt Hillebrant
Laurein, Hürnin Sewfriedt genannt³²)
König Fasolt vnd Dietrich von Bern
Theten ein ander Kampf gewern
Als zu erlangen³³) preiß vnd ehr
Dergleich vor kurtzer zeit noch mehr³⁴) [7b]
War noch der brauch beim teutschen Adl³⁵)
Wo³⁶) einer sandt am andern tabl

---

¹) Jedoch hat J. s. Sohn, | Solches wider auffrichten thon. ²) lang war. ³) NAch. ⁴) entst. ⁵) Etlich gar nakt a. | Theten sich m. d. Baumöll s. ⁶) Wettlauffen. ⁷) DA erfand K. Pyrus. ⁸) Wiederholung des ersten Holzschnittes mit dem Reitergefechte. ⁹) Pirrisch sprung [!] ¹⁰) Zu dem K. ¹¹) Hat so die erst F. ¹²) — vns des b. die Altn | DJodorus vnd andre — ¹³) Hielten bis für die größte ehr, | Wann einer da einn Crantz erfacht] Rhümtens vor Reichtum — | VOn dannen auch das K. kam. ¹⁴) Großmechtige Stad R. ¹⁵) Staurus. ¹⁶) Marmelstein. ¹⁷) Dis ward das größte — | So je gemacht d. M. H. ¹⁸) Brauchten die K. — | Das offt in eim Kampff Kempffer warn | Auch mehr — par. ¹⁹) fochten. ²⁰) Schwerten. ²¹) Schild zu seim theil, ²²) — sie da K. habn | Das mus ich auch sagen ist war, | Das etliche Kampff bestellet warn, | Mit Elephanten, Thygertirn u. s. f. ²³) Rösener: Holzschnitt, zwei läuffende Löwen, auf den Hinterbeinen stehend; links und rechts liegende Löwen. ²⁴) muß man sein K. ²⁵) Zu des Keysers Tyberi z. | Das ein Sp. einfiel, war weit. ²⁶) Zwantzig — erschlagn | Welche solchem Kampffspiel zusahn. | NAch dem — ²⁷) Zu dem Ch. Glauben k. ²⁸) abgeschafft. ²⁹) Weil es also galt B. viel. ³⁰) Dannoch — Kampffe bleib [Druckfehler!] | Viel Helden Kempfftin im freyen Feld | Ritten zusammen in die Wäld. ³¹) Holzschnitt: zwei Reiter, jeder in einer besonderen Einfassung; der Rechte ist ein Trompetenblaser, der Linke hält eine Gerte in der linken Hand. ³²) Lawrin, der Hürnen Seyfrid gnant | Fasolt, Dieterich — ³³) Nur zu erl. ³⁴) Dergleichen v. k. z. mehr. ³⁵) Deutschen Adl. ³⁶) Wann.

So erfordert er ju zum kempffen¹)
Da einer thet den andern dempffen
Ghrüſt zu Roß in Veldt· oder ſchrancken²)
Wer lag, der lag on alles zancken³)
Zu fuß man auch der zeit noch kempffet⁴)
Gerüſt einer den andern dempffet [8 a]
In drey wehren, ſchwerd, dolch vnd ſpieß
Wo einer auff den andern ſtieß
Verwundet oder gar vmb bracht
Dergleich man ſcharff vnd nackend ſacht⁵)
In Wammas, Hembd, mit einem ſchildt⁶)
Solchs als iſt worden abgeſtilt
Das ſolche Kempff verboten hat
Römiſch Keyſerlich Mayeſtat
Maximilianus⁷) der Thewer
Aus Chriſtenlicher liebe Fewer
Als ein vnchriſtenliche That⁸)
Darauß denn kam gar vil vnrath
An Leib vnd auch an ſeel groß ſchaden
Vnd hat mit Freyheit thun begnaden
Fechten die Ritterlichen⁹) Kunſt
Tarzu er·denn hett ſonder gunſt¹⁰)
Das er auch kundt zu guter maß
Vnd hat Priuilegieret das
Des die Meiſter von der Geſchicht
Ein Ordnung haben auffgericht
Sanct Marxen Brüderſchafft genennt¹¹)
In Teutſchem landt jetzt weit erkennt¹²)
Vnd iſt nicht ohn geſehr geſchehn,
Denn, weil bey S. Marxen thut ſtehn, [8 b]
Ein Löw, wie das die Schrifft beweiſt,
Darumb S. Marcus wird gepreiſt,¹³)
Das er mit gar freudigem muth,
Gottes Wort rein auslegen thut,

Vnd ſchewet da gar niemand nicht,
Wie der Lew, mit frölichem gſicht.
Kein Thier nicht förcht, ſondern ohne ſchaw,¹⁴)
Erwiſcht er eins, mit ſeiner Klaw,
Er helts, es ſey jung oder alt,
Auch zureiſt¹⁵) etliches gar bald. [9a]
ALſo hatt S. Marcus ein ſinn,
Predigt Gottes wort jmer hin,
Sieht durchaus kein Perſon nicht an,
Fürcht ſich auch nicht für keinen Man,
Gleich wie der Lew mit friſchem muth,
Sich nicht ſchewt, ſo S. Marcus thut.¹⁶)
GLeicher geſtalt die Marx brüder auch,
Haben jetzo gleich dieſen brauch,
Das ſie auch gar mit friſchem muth,
Vmb ſich ſchlan,¹⁷) wie der Lewe thut.
Schewen kein Kempffer oder Helt,
Der nehſt der beſt, jhn wol gefelt,
Kemens mit einem jeden an,
Nur friſch frölich¹⁸) thun ſie zu ſchlan,
Drumb führen ſie¹⁹) ein ſtarken Lewn,
Thun ſich deſſen, für niemand ſchewn.
Welcher wil Meiſter ſein des ſchwerdts²⁰)
Inn dieſem Ritterlichen ſchertz,
Derſelb inn die Herbſtmeß²¹) allein
Zieh hin gen Franckfort an den Mayn
Alda wirdt er examiniert²²)
Von den Meiſtern des ſchwerds probiert [9 b]
Inn allen ſtücken hie vnberürt²³)
Was einem Meyſter zu gebürt
Fechtens Kunſt den verborgnen Kern
Kan er das meiſterlich bewern²⁴)
Als denn man jn zum Meiſter ſchlecht
Sanct Marxen Bruderſchafft entpfecht²⁵)

---

¹) So forbert — bald z. Kämpffn. ²) Gerüſt zu Roß, im Feld obr Schrancken. ³) Holzſchnitt eines Fußkampfes mit Spießen; unter den Vorderkämpfern der linken Schaar befindet ſich auch ein mit dem langen Schwerte dreinſchlagender Krieger. ⁴) ZU der zeit auch zu fuſs man kempfft. ⁵) Deßgleichen m. ſch. v. nackt ſacht, ⁶) Wammeſt, H. v. m. ein Schild, Solchs alles iſt nun gar geſtilt. ⁷) MAXIMILIANVS. ⁸) Das bis wer ein vnchriſtlich that, Weil daraus kem, ſo viel vnrath | Am Leib, vnd an der Seelen ſchaden. ⁹) Ritterliche. ¹⁰) — denn trug ſ. gunſt. | Weil er ſelbſt kund zu g. maſs | Tarumb Priuilegirt er Das. | DAs die Meiſter — ¹¹) genandt. ¹²) — Deudſchland jetzt ſehr wol beland. — Die nächſten 28 Verſe finden ſich bei Hans Sachs nicht. ¹³) Holzſchnitt: Marcus, der Evangeliſt; vor ihm am Boden liegend ein geflügelter Löwe. ¹⁴) ohne Scheu. ¹⁵) zerreißt. ¹⁶) Warum dem Evangeliſten Marcus als Symbol ein Löwe beigegeben wird, ſetzt Hans Sachs in ſeinem Gedicht vom 1. Januar 1559 „Fürbildung der zukünfftigen vier Euangeliſten" (II Bd. 1 Th. S. 54 b) nach dem 1. Capitel des Ezechiel folgendermaßen auseinander:

Zum Dritten vergleicht ſich auch oben
   Marcus in ſeim ſchreiben dem Löben
Der iſt ein König aller Thier
   Sehr groſſe ſtercke, krafft vnd zier
Weil er beſchreibet an dem end

Des Herrn gwaltige vrſtend
   Am dritten tag, wie er erſtund,
Sünd, Todt, Hell, Teuffel vberwund
   Wie auch Chriſtus gen Himel fur,
Iſt ein König aller Creatur.

¹⁷) ſchlagen. ¹⁸) Anklang an den alten Studenten-Wahlſpruch: friſch frei fröhlich frumb Iſt der Studenten Reichthumb. — S. die „Deutſche Turnzeitung" 1866, S. 103. ¹⁹) in ihrem Wappen. ²⁰) WEr nun M. ſ. wil — ²¹) — in der H. Meſs — | Zieh — ²²) Examinirt | V. d. M. des Schwerdts probirt. ²³) In allen Wehren, hie berürt. ²⁴) gewern. ²⁵) — Brüderſchafft empfecht. — Die nächſten 2 Verſe ſind von Röſener.

Also habt jhr jetzt fein vernommn,
Wo die Marrbrüder sein her-
kommn.
Nach dem mag er auch Fechtschul halten[1])
Auch Schuler lehren vnd verwalten[2])
Inn allen Ritterlichen Wehrn
Erstlich im langen schwerdt mit ehrn[3])
Messer, spieß vnd der stangen warten
In Tolchen vnd der Hellenparten[4]) [10a]
Jedtlichs nach art[5]) mit seinen stücken
So mag in ehren jm gellücken
Wo er schul helt im gantzen Reich
Inn Fürstenstädten der gleich[6])
Durchauß im gantzen Teutschenlandt[7])
Ich sprach: Wie sindt die stück genannt
Die man muß lehren im anfang?
Er sprach: Der Kunst zu eim eingang[8])
Lehrt man ober vnd vnterhaw
Mittel vnd flügel haw genaw
Auch gschlossen vnd einfachen sturtz
Den tritt darzu, auch lehrt man kurtz[9])
Den possen vnd ein auff heben[10])
Außgeug vnd nider legen eben[11])
Ich bat: Lieber Meister zeigt an[12])
Wie nennt man die stück vor dem[13]) Mann
Er sprach: Ob ich dirs gleich thu nennen
Kanst du die stück ons Werd nit kennen
Weil du nit hast gelehrt die Kunst[14])
Doch ich dir auß besonder gunst
Etlich häw[15]) vnd stück nennen will
Die meisterlich sind vnd subtil[16])
Der zornhaw vnd krumphaw schaw[17])
Zwerchhaw, schillerhaw, scheitlerhaw[18]) [10b]
Wunder versatzung vnd nachreisen
Überlauff, durchwechsel etlich heissen
Schneiden, hawen, stich im winden[19])
Abschneiden, hengen vnd anbinden
Die Kunst helt inn vier leger klug

Alber, Tag, Ochs[20]) vnd den pflug
Noch sindt der stück vil alle sander
Das jmmer eines bricht das ander
Doch inn dem alln ein Fechter merck
Auff die vier bloß,[21]) auff schwech vnd sterck
Der höchster rhur[22]) allmal war nemb[23])
Sein zoren selber brech vnd zem
Noch[24]) sindt vorhanden vil Kampffstück
Wie man ein werffen soll an rück[25])
Beinbruch, Hodnstöß[26]) vnd armbrechen
Mordstök, fingerbruch,[27]) zum gsicht stechn
Ich sprach: Ich bitt euch, sagt mir auch[28])
Weil kempffen nit[29]) mehr ist im brauch
Was ist die Kunst des fechtens nütz
Er sprach: deiner frag bin ich vrdrütz[30])
Laß Fechtn gleich nur ein Kurtzweil sein
Ist doch[31]) die Kunst löblich vnd fein [11a]
Adelich, wie stechn vnd Thurnieren
Als saitenspiel, singen, quintieren[32])
Vor Frawen, Rittern vnnd vor Knechten[33])
Wo man ein lustig spiegel fechten[34])
Ziert mit manchem artlichen sprung[35])
Das erfrewet noch Alt vnd Jung
Auch macht fechten wer es wol kan
Hurtig vnd thätig ein jungen Mann[36])
Geschickt vnd rundt, leicht vnd gering
Gelenck, fertig zu allem ding
Gen dem Feindt bhertzt vnd vnuertzagt[37])
Tapffer vnd ked ders[38]) Mannlich wagt [11b]
Kün vnd großmütig inn dem Krieg
Zu gewinnen lob, ehr vnd sieg
Macht mit jm ked ander wol hundert[39])
On not des fechtens Kunst dich wundert[40])
Weil auch erlangt die ehrlich Kunst
Bey Fürstn vnd Herrn gnad vnd gunst
Prouision[41]) vnd dienst allzeit
Auch wirdt mancher Fechter gefreit
Von Fürstn oder Königlich Mayestat

---

[1]) NAchdem mag er nun F-schuel halten. [2]) vorwaltn. [3]) —, mit l—m Sch—d in Ehrn. — Wiederholung des Titel-Holzschnittes, die sog. „Krone" im langen Schwert. [4]) Im Dollich vnd auch Hellebartn. [5]) Jedes nach arth. [6]) In den Fürstlichen Städten gleich. [7]) — in gantzem Teudschem Landt. [8]) — dem eingang. [9]) Ten trit lert man darzu auch kurtz. [10]) vnd auch ein auffheben, [11]) — nider stellen ebn, [12]) Ich bat: Mein jung Gesell z. an, [13]) — heist — für dem Man | ER sprach, Ob ichs euch gleich thet nenn, | Könt jhr — nicht kenn. [14]) — jhr nicht habt gelernt die Kunst, | Toch ich euch aus besondrer gunst, [15]) hieb, [16]) Tie sind M. v. subtill. [17]) — den schaw. [18]) Zwerchaw (!), Schillhaw vnd Scheitler [lies: Scheittler-] haw. [19]) — in Windn. [20]) Ochße. [21]) blöß. [22]) Berührung, s. S. 13. [23]) nehm. Seinen Zorn, s. —; s. S. 19, Anm. 1. [24]) NOch. [25]) — in rück. [26]) — bruch, Gmecht stöß — [27]) — Fingerbruch. [28]) Ich sagt, Ich bitt bericht mich auch. [29]) — Kempffen nicht — [30]) — : Ewer frag ist gar vnnütz, : „vrdrütz" = überdrüssig. [31]) Koch ist — [32]) — singn vnd quintirn. Holzschnitt: das frühere Reitergefecht. [33]) Für — vnd Knechtn. [34]) d. i. Schein- (Uebungs-) fechten. [35]) Siebt, ziertz manchen Ädlichen sprung [Das erfrewet Alte v. j. „Ärtlich" bedeutet in Mundarten noch immer: sonderbar. [36]) — thetig einen Man. [37]) Gegm Feind behertzt vnd vnuortzagt. [38]) — wers. [39]) Macht neben jhm frisch etlich Hundrt. [40]) — euch wundrt. | WEil —
[41]) Prouision.

Das er macht Schul zu halten hat
Samb er ein¹) gschlagner Meister sey
Mein Freundt nun hast vermerckt bey²)
Mit kurtzen worten gar genung³)
Der löblichen Kunst vrsprung
Inn grosser wirrd gehalten lang
Auch wie sie jetzundt sey im gang⁴)
Darmit mannicher Meister mehr
Erlanget gleich den Alten Ehr⁵)

Drumb zieh ich jetzund hin allein
  Auff die Mess, gen Franckfurt am Mayn.
Wil mich da von den Fechtern werdt,
  Lassen schlan zum Meister im Schwerdt.
Sie werden mich öffentlich führen,
  In jhren Platz, vnd da Probirn. [12a]
Wann ich da auff der Prob besteh,
  So vorhindert mich denn nichts mehr.
Werd als dann zum Meister erkorn,
  Vnd wann ich jhnen hab geschworn.
So zieh ich wider meine strassn,
  Vnd thu mich des Fechtens an massn.
Mag das brauchen durchs gantze Landt,
  Vnd wenn ich gleich bin vnbelandt,
Dennoch brauch ich die Ritterkunst,
  Vnd krieg also durchs Land viel gunst.

MEin jung Gesell sagt mir doch auch,
  Was helt man denn für einen brauch,
Zu Franckfurt in der werden Stad,
  Daruon jhr mir viel gesagt hat.
Wann nun ein Fechter kompt hinein,
  Wolt gern ein Meister im Schwerdt sein.
Bey wehm mus er sich geben an,
  Der jhn lan zu eim Meister schlan.

Was helt man denn für ein Proces,
  Zu Franckfurt in der grossen Mess.

MEin lieber Wirth, ich wil euch ebn,
  Auff ewer Frag gut antwort gebn.
Ob ichs schon selbst gesehen nicht,
  Doch gebn mir die Alten bericht. [12b]
Das: wann ein Fechter hinein⁶) kumpt,
  Vnd derselb den bericht ein nimpt,
Wo er antreffe den Hauptmann,
  Mus er sich bey jhm geben an.
Vnd mus werben zun Vier Meistern,⁷)
  Die werden jhn alsbald heissen.
Das er mus thun die Proben haw,
  Die Fünff⁸) thun jhm alle zuschawn.
Wann er bestehet in solcher Prob,
  So wird die sach da auff geschobn.
Bis auff den Sontag in der Mess,
  Da wird er denn mit nicht vorgessn.

Sondern er wird da vorgestelt,
  Für alle Meister, wie ein Heldt.
Die mus er da alle bestehn,
  Keiner lest jhn für über gehn.
Er mus mit jedem aus dem Schwert
  Fechten, wers nur an jhn begert.

Wann er in der Prob ist bestandn,
  So nimpt man jhn als dann zu handn.
Vnd lest jhn knien auf die Erdt,
  Da wird er mit dem Parat Schwerdt.⁹)
Vber seine Lenden Creutzweis:
  Geschlagen, auffs Hauptmans geheis. [13a]
Er mus auch wie die andern pflegn,
  Zween Goltgülden auff das Schwerd legn.

---

¹) Als er ein — ²) Nun habt jhr fein gemerckt hierbey. ³) — genug. | Der Fechter Kunst, vnd jhrn vrsprung. ⁴) — geht im schwang. ⁵) Damit auch mancher M. m., | Durch die Fechtkunst erlangt gros ehr. — Den jetzt folgenden Beschluß des Hans Sachsischen Gedichtes:
  „Das die Kunst zu nemb blü vnd wachs
    In ehr vnd preiß das wünscht H. S.
  Anno Salutis, 1545 am 25 Tage Junij"
hat Rösener natürlich nicht aufnehmen können. ⁶) in die Stadt Frankfurt a. M. (hinein) kommt. ⁷) muß sich erkundigen nach den Viermeistern, dem nach alter Ordnung aus sämmtlichen Fechtmeistern zur Unterstützung des Hauptmanns gewählten Ausschuße. ⁸) Ob hieraus Göttling's, von Scheidler nachgesprochenes Mißverständniß hervorgegangen: „Wo sich einer aufthat als Fechter, den stießen und hieben die fünf Männer [also nur der Hauptmann und die gewählten Vierer der Fechtmeister hießen Marxbrüder!!] alsbald so zusammen, daß er sich ihnen entweder in die Schule gab [der angelobte Meister (i. S. 13, Anm. 1) hätte also noch eine zweite Lehrzeit durchmachen müssen, und zwar nur zu Frankfurt a. M.!!] oder ganz vom Fechten abstand und ein anderes [?] ehrsames Handwerk ergriff. Aus dieser seiner Hauptquelle hat Scheidler das Wort „hieben" (zu Gunsten der Göttling'schen Phantasie-Waffe „Feder," besonders zum Stoßfechten, und der weiteren Erfindung, die Marxbrüder hätten das Stoßfechten von den Federfechtern lernen müssen), in allen seinen vielfachen Aufsätzen über die alten Fechterzünfte fortgelassen. — Den Luftschieben des angelobten Meisters zusehen ist sicher doch wohl kein „Zusammen-Stoßen und -Hauen"!! — ⁹) Das Paradeschwert, die zum Fechten nicht verwendete Prunkwaffe; vergl. S. 31, Anm. 3.

Da thut man jhn ein Fechter nennen,
Vnd für ein Meister im Schwerd¹) erkennen.

WAnn er nun dieses hat gethan,
Mus er auch schweren dem Hauptman.
Das er die zeit bey seinem lebn,
Sein Meisterschafft nicht wil vbergebn.²)
Wann er nun durchaus so besteht,
Truff er die heimligkeit empfehlt,³)
Vnd bleibt also Meister im Schwerdt,
Die Fechter halten jhn Lieb vnd werdt.
Nun werdt jhr habn vernommen recht,
Wie man einen zum Meister schlecht.
Ja ich habs recht genommen ein,
Jch möcht wohl selbst dabey sein

MEin⁴) halt mir noch zu gut ein frag,
Mein grobheit mit gedult vortrag⁵)
Weil man die Kunst rhümet so sehr,
Wie das denn sonst kein Keyser mehr.⁶)
Die Marxbrüder befreyet macht
Dann Friederich, wie vor gesagt.
Nach Friederich Maximilian
Nam sich der Marxbrüder widr an. [13b]
Das der löblich Keysr Maximilion
Wie ich mit warheit sagen kan
Jm Tausent vnd Vierhundert Jar,
Sieben vnd achtzig bis ist war
Am zehenden Monats tag May,
Zu Nüremberg, wie ich meld hie.⁷)

DIs Priuilegium thun vernewrn,
Durch Maximilion der thewern.⁸)
ALs man Tausent fünffhundert zalt
Vnd zwölff Jar, ich euch nicht verhalt,[14a]
Den Siebn vnd zwantzigsten September,
Hat auch mit lust ohn all beschwer.

Die Keyserliche Mayestat,
Zu Cölln in der grossen Stadt,⁹)
MAXIMILIAN genennet wird,
Die Marxbrüdr auch Priuilegirt.
ZU dem, als man auch hat zalt,
Tausent, Fünff hundert, vnd als bald,
Sechs vnd sechtzig, im Monat Mey [14b]
Den sechsten, ich euch sag hierbey,
Sind die Marxbrüder nach der Wahl,
Priuilegiret noch ein mahl.
Vom Keysr Maximilian,
Wie ich euch jetzo zeige an,
Jst in Augsburg der Stab geschehn,
Wie menniglich da hat gesehn.

IEtzt nun mehr hat Rudolff der Keysr¹⁰)
Den Marxbrüdrn die gnad thun bewisn,[15a]
Weil sies haben vor wenig zeit,
Gesucht in vnderthenigkeit,
Die ersten Brieff new Confirmirt,
Vnd sie wieder¹¹) Priuilegirt.
Geschach im Neun vnd siebntzigsten Jar,
Der weniger¹²) Jahl sag ich fürwar,
Den Zehenden tag Julij,
Das hab ich müssen melden hie.
Auff des Keysers Burg der Stab Prag,¹³)
Drumb merckt mit fleis, was ich euch sag. [15b]
Hieraus künd jhr nun schliessen sein,
Das die Fechtkunst geehrt mus sein.¹⁴)

WEil jhr mir denn auff mein frag ebn,
So richtigen bescheid hat gebn.
So dörfft jhr mich bereden bald,
Wann ich nun mehr nicht weer zu alt,
Das ich lernet die Fechterkunst,
Weil sie bringt Ehr vnd grosse gunst.

---

¹) Der vorher die Meisterschaft nur von seinem Lehrer erhalten, bisher nur ein „angelobter Meister des Schwerts" gewesen. ²) Er darf keinen Meisterbrief anderen Fechtern zur Abhaltung von Schulen u. dergl. weder leihen noch verkaufen. ³) Die „Heimlichkeit" besteht in der Mittheilung gewisser „verborgenen Fechtstücke." ⁴) Die Interjection „mein (sagt mir, u. dergl.)" ist in Süddeutschland noch immer in Brauch. ⁵) ertrage. ⁶) Die folgenden sechs Zeilen sind über den ersten Druck übergeklebt; nach dem Exemplare der Weimarer Hofbibliothek lauteten sie ursprünglich:
„Die Marxbrüder befreyen kan,
Tean der thewr Maximilian.
NAch dem thewren Maximilian,

Hat sichs vngefehr zugetragen.
Das der loblich Keysr Friedrich
Wie ich euch geb jetzo bericht
(Jm Tausent — u. s. f.)"

Was die in dem Archiv zu Frankfurt a. M. noch vorhandenen Privilegiumsbriefe der Marxbrüder betrifft, so hat den ersten derartigen Brief Kaiser Friedrich III zu Nürnberg am 10. August 1487 gegeben, nicht wie Göttling und der ihm nachschreibende Scheidler meinen, das Privilegium der Marxbrüder „am 10. Mai 1480 erneuert"!! Rösener selber hat hierüber „vor" (zuvor, oben) nichts gesagt. S. S. 50. ⁷) Holzschnitt einer Stadt. ⁸) Diese Druckzeile ist ebenfalls über den früheren Druck geklebt; nach dem Weimarer Exemplar lautet sie: „Nach Maximilian dem thewrn." ⁹) Holzschnitt: Kaiser Maximilian vorstellend. ¹⁰) Holzschnitt des Kaisers. ¹¹) Weimarer Exemplar (W.): wider. ¹²) W.: wenger. ¹⁴) Holzschnitt eines Stadttheiles. ¹¹) Rösener's zum Theil irrigen, zum Theil unvollständigen Angaben kann ich am besten wohl dadurch

DJs thu ich gern, wolt jhr nu sein,
Was ich euch weise gehorsam sein.
ANs wil ich thun zu jeder zeit,
Euch folgen mit bescheidenheit.
Ihr werdet aber zuuor ebn,
Gar ein wenig anleitung gebn.
Wie ich mich drein vorhalten sol,
Das ich die Fechtkunst lerne wol.
WEil jhr denn bis jetzt thut begern
So wil ich euch hierein gewern!
Merkt nur fleissig, was ich euch sag,
Vnd lernets heut, auff diesen tag.
GOtt geb vns Glück zur Fechter Kunst,
Dann[1]) sie bey grossen Herrn hat gunst.
In Gottes gwalt wölln wir vns gebn,
In seim Namen zu Fechten anhebn. [16 a]
HERR Gott vorley[2]) vns Gnad vnd
                                Gunst,
Recht zu gebrauchn die Ritterkunst.
Das jhr dieselbe mögt wol lern,
Damit euch grosse Herren ehrn.
Wolt jhr lernen Fechten künstlich,
Solt jhr mit fleis fürsehen euch.

ZUm ersten schempt euch nicht zu lernn,
Sondern thut stetts übung begern.
Wenn jhr wolt gehen zu der Lehr,
So grüst die Meister vnd Schüler.
Vnd wann jhr auff die Schule kompt,
Schawt das kein frembder mit euch kämpft.
Er kan denn ein Schulrecht bestehn,
Mit dem Meister drey Genge gehn.[3])
BAll[4]) jhr euchs Fechten nemet an,
Kein Nestel[5]) sol sein zugethan,
Auch kein Tolch an der Seiten dran,
Vnd gar nichts auff dem Heupte han.
Rempt keinem aus der Hand sein Wehr,
Bit erst vorlöbnis[6]) vom Meister.
Halt fest die Wehr, laß keine fall'n,
Falt auch selbst nicht, seid bdacht in alln. [16b]

Auch mit vngstüm kein Wehr zerschlagt,
Mit sitn ewr arbeit vortragt.
Solt auch durch aus keins andern spottn,
In der Ubung, es ist verbottn.
Auch solt jhr keinen blutig schlan,
Der erst zu fechten sehet an.
Wann auch nun frembde Schuler kemn,
Auff den Lehrplatz, solt jhr vornemn.[7])
Tas jhr keinen verspotten wollt,
Vmb ein par straich jhr Fechten sollt.[8]) [17a]
Oder vmb einen schönen Crantz,
Macht euch nur her an diesen Tantz,
Oder nach erkentnis der Massn,
Von Meister vnd Schulr euch straffen lassn.
Wer nicht wil ein gehn den inhalt,
Der pack sich von der Schule bald.
Er sol die Schuler vnd Platz meiden,
Vneinig Gselschafft sol man nicht leidn.
Werd jhr euch halten nach der Lehr,
Ihr werdt des Fechtens haben Ehr.

EY ich bin jetzt nun fein bericht,
Durch aus ich mich nun euch vorpflicht,
Wil euch auch meinen Meister nenn,
Wolt mich für ewren Schuler kenn.
Ich wil euch thun gar kein vorbreis,[9])
Lernt mich das Fechten nur gewis.
Was jhr als denn begert fürs lohn,
Sol euch gereichet werden schon.
Nun wie gefelt euch jetzt der streich,[10])
Meister ich durch aus gar nicht weich.
Das springen steht mir zimlich an,
Wil aber sonst künstlich zuschlan. [17b]
Ich wil euch jetzt noch mehr stück weisn,
Das man euch sol ein Fechter preisn.[11])

Mein Schwerd thu ich jetzt auff heben,
Haw durch aus buten oder oben.
Denn gar recht Fechter brauch treib ich,
Vnd könt also probieren mich.

---

abhelfen, daß ich die Reihenfolge und das Datum der in dem Archive zu Frankfurt a. M. aufbewahrten Privilegiumsbriefe der Marxbrüder aufführe: 1) Kaiser Friedrich's III Brief, gegeben Nürnberg den 10. August 1487. Sodann die Bestätigungen desselben seitens 2) Kaiser Maximilian's (Cölln, 27. September 1512), 3) Karl's V (Confirmation von No. 2: Worms, 5. April 1521), 4) Maximilian's II (Confirmation von No. 2: Augsburg, 6. Mai 1566), 5) Rudolf's II (Confirmation von No. 2: Prag, 15. Juli 1579). Nach Rösener's Zeit erhielten die Marxbrüder noch die weiteren Confirmationsbriefe: 6) Kaisers Matthias (Regensburg, 17. October 1613), 7) Ferdinand's II (Wien, 13. Juli 1627), 8) Ferdinand's III (Regensburg, 18. Dezember 1640), 9) Leopold's (Wien, 26. October 1669). [1]) W.: Tenn. [2]) verleihe uns — [3]) Einem ein Schulrecht thun, heißt: mit Einem schulmäßig (geselliglich, zur Erprobung gegenseitiger Fechtausbildung) fechten. [4]) D. i.: Sobald Ihr Euch des Fechtens — [5]) Nestel (Bänder) vertraten in alter Zeit u. A. auch die Stelle der Hosenträger. [6]) Erlaubniß. [7]) vernehmen. [8]) Holzschnitt: eine Constantia, die in der rechten Hand einen Kranz trägt. [9]) Verdruß. [10]) Gedruckt steht: strich. [11]) Titelholzschnitt: die „Krone" im langen Schwert; s. S. 46, Anm. 1.

Aus recht artlicher Meisterschafft,
  Auch aus der rechten Künsten trafft.¹)
Hierzu brauch ich auch das Rappir,
  Stumpff, scharff, wie mans begert von mir.
Damit thu ich mein Feinde putzen,
  Vnd auch mein Leib damit zu schützn.

JEtzt habt ihr nun mehr gantz vnd gar,
  Die Fechtkunst weg, sag ich vorwar. [18a]
Ihr werd nun geben mir mein Lohn,
  Ich wil forth, denn ich mus daruon.
Ich möchte sonst zu lange sein,
  Der Weg ist lang bis hin an Meyn.²)

MEister, da habt ihr ewren Solt,
  Weil ihr denn nun gar fort wolt,
Nempt auch für gut was ich euch gthan,
  Im zurück ziehn, sprecht mich widr an.
Doch sagt mir vor, wie ich zu mahl.
  Schul zu halten anschlahen sol. [18b]

ICh wil euch fein berichten³) der sachn,
  Kein Fedr Fechter last euch irr machn.
Bleibt nur in vnser Brüderschafft,
  Denn die haben⁴) durch den Lewen trafft.
Wann sie schon wider euch anschlagn,
  So thut mit wenig worten sagn.
Weil Keyserliche Mayestät,⁵)
  Die Marxbrüder Priuilegiret hat⁶)
Vnd nach dem andre Keyser mehr,
  So bleibn wir Marxbrüdt wol in ehrn. [19a]

JA Meister, ich wils euch zu sagn,
  Das ich alle mein lebe tagn.
Wil bleibn bey der Marxbrüderschafft,
  Kein Fedr Fechter an mir nicht hafft.
Ich gebe euch hierauff meine handt,
  Vnd meinen Eydt, habt euch zu pfandt.
Ich wil stehen gleich wie der Lew,
  Vor kein Fedr Fechter trag ich schew.

NUn hierauff wil ich euch jetzt sagn,
  Wann jhr wolt eine Schul anschlagn.
So solt jhr diese Reimen⁷) führn,
  Damit die Feder Fechter rürn.
Frisch her, jhr Fedr Fechter last euch sagn,
  Ein Buchdruckr hat nechst an gschlagn.
Er hett Bücher gfetzt vnd gelesn.
  Das aber⁸) S. Marx ein Fechtr sey gwesn.

Hett er durchaus gefunden nicht,
  Er hielt es nur für ein Getücht.
Er halt auch durchaus nichts dauon,
  Das S. Marx wer vnser Patron.

DEnn Marcus der Euangelist,
  Beschreibt Gottes Wort ohn arge list.
Vnd wird dem starckn Lewen vorgleicht,⁹)
  Dieweil sein Lehr so weit ausreicht. [19b]

ICh thu euch aber jetzo eben,
  Auff die Frag richtig antwort gebn.
Ettliche Keyser an der Zahl,
  Dieselben haben allzumahl.
Die Marcusbrüder thun begabn,
  Mit Schild vnd Helm, die wir noch habn.
Durch Ritters that von jhn bekomn,
  Renten vns Marxbrüder die fromn.¹⁰)
Gaben vns auch die grosse macht,
  S. Marx zu führn mit schönem pracht.
Vnd auch den Lewen wol bericht
  Das erlangt kein Fedr Fechter nicht.

DAs sie sich abr des Greiffen rhümn,
  Sind sie hierin gar viel zu kühn.
Denn ein Hertzog von Meckelnbergk,
  Hat nicht mehr denn einen, bis merck,
Der sich im Fechtn gehalten wol,
  Geben den Greiff, den er führen sol.¹¹)
Vnd sonst kein Feder Fechter mehr,
  Habn nun mehr des Greiffs kleine Ehr.
Weil sie hierein haben geirrt,
  Vnd sind nicht Priuilegirt.
Noch mehr thun sie sich vnderstahn,
  Lassen ein offnen Helm machen. [20a]
Führen den in jhrem anschlag,
  Mein Feder Fechter bis mir sag.
Wo her ist dir die macht gegebn,
  Wer hat dich gewapnet,¹²) sag mirs ebn.
Du wirst nun mehr mit keinem Rewn,
  Vns vortreiben, den starckn Lewn.
Denn er hat Keyserliche freyt,
  Last jhr den Lewen vngeheidt.¹³)

ALso habt jhr den anschlag fein,
  Nempt jhn nur recht in sinn hinein.
Wann jhr nun aus rufft ewre Schul,
  Lernt diese Vers, vnd braucht sie wol.¹⁴)

---

¹) Vergl. zu den letzten Zeilen das unten folgende Meisterlied. ²) Wiederholung des Holzschnittes mit der Stadt. ³) W.: berichtn. ⁴) W.: habn. ⁵) W.: Mayestat. ⁶) Holzschnitt: der Kaiser-Adler: an 2 Säulen die Worte: »PLVS VLTRA«. ⁷) Gedruckt steht: Riemen. ⁸) W.: abr. ⁹) verglichen. ¹⁰) Kaiser Friedrich III spricht nur von „Meistern des Swerts"; ebenso die späteren S. 54 angeführten Priuilegiumsbriefe. Vergl. jedoch auch S. O. — ¹¹) Hierüber ist in den Archiven zu Frankfurt a. M. und Prag nichts zu finden gewesen. ¹²) dir ein Wappen gegeben. ¹³) ungeneckt. ¹⁴) Vergl. die Nürnberger Fechtschulreime, oben S. 33 ff.

Ich schwing mich auff in Gottes glück,
  In diesem Kampff platz offt vnd dick.¹)
Des²) Greiffen Gschlecht, muß heint herunter,
  Wir Marx brüdr sein fein frisch vnd muntr.
Mit euch zu Fechten ist mein frewd,
  Frisch her, ihr Fedr Fechter es ist zeit.
Ob man mir gleich wolt jamer sagn,
  Wie ihr mir wolt stossen vnd schlagn,
Ich fürcht nicht, wie wilt ihr mögt sein,
  Ist doch ewer Haut so weich als mein.
Werd ihr mich treffn, ich laß geschehn,
  Werd ich ewer fehln, ihr solts wol sehn. [20 b]

Ein anders.

OB edler Lew schwing dein Kraus haar,
  Nim dir des Greiffen eben war,
Der mit seim stolzen muth vnd pracht,
  Die gfrexte Marxbrüdr all voracht,
Den soltu für dir hawen nidr,
  Vnd zu reissen all sein gefidr,
Das ihn sein Gsellen müssen weg tragn,
  Die wolln wir auch auff die Köpff schlagn.

JEtzund seid ihr berichtet sein,
  Ich gdenck ihr werdt zu frieden sein,
Mit der Lehr die ich euch gethan,
  Ich wil nun mehr auff vnd dauon.
Braucht nur die Kunst fein Ritterlich,
  Ich ziehe dahin, Gott behüt Euch.

Ich thu euch hieuor jetzt band sagn,
  Ich hab lax fertig machn den Wagn,
Da farth ihr mit mir in die Stad,
  Hab ichs euch doch vor zugesagt,
Ihr dürfft ja eilen nicht so hardt,³)
  Itzundt wolln wir sein auff die farth,
Wir fahren gar gschwind hinein,
  Ey nun, wann es denn ja sol sein,
So fahre ich mit euch dauon,
  Vnd geb dem Kutschn⁴) Trinckgelt zu lohn. [21 a]

NVn Kutsch, span an, vnd fahr nur sacht,
  Wir kommen doch wol nein⁵) vor nacht,
GOTT geb vns auff die Reis vil glück,
  Hört, wann ihr werdt ziehn zu rück,
Vnd seit zum Meister wordn gschlan,
  So mögt ihr mich frey sprechen an,
Vnd zu mir in mein Haus einkern,
  Ich wil euch Herbrigen⁶) vnd ehrn.
Wil ewer durchaus nicht vorgessn,
  Zur notturfft geben⁷) trinckn vnd essn.
Wil ewer so warten vnd pflegn,
  Darnach euch in ein gut Bett legn.

ICh sag euch nun mehr grossen danck,
  Für ewer Fuhrwerg, Speis vnd Tranck.
Als bald ich wider zieh vom Meyn,
  So kehr ich wider bey euch ein.

       Christoff Rösener, Meister
          des Schwerdts.

Wann wüchsse Laub vnd Gras
  So gschwind als Reit vnd Haß,
So hetten Schaff vnd Rindr,
  All Jar ein guten Wintr.⁸)
            M. J. F. [21 b]

---

¹) dick = oft. ²) W.: Das. ³) sehr. ⁴) Kutscher. ⁵) nach Frankfurt (hinein). ⁶) beherbergen. ⁷) „gebeu", Druckf. ⁸) Dieses alte Sprichwort steht auch in dem ersten gedruckten Fechtbuche Paurnfeindt's (Wien 1516). Vergl. über dieses erst seit einigen Jahren bekannt gewordene Buch die D. Turnzeitung von 1864, S. 353 f.

Nun folget der Gesang der Ritterlichen Fechtkunst, ihren Ursprung, Fundament, und begriff aller heimligkeit.

In der Wenn weis Wolfframs, oder Penzenawers Thon.¹)

Von Ritterlichen Künsten,
  so wil ich heben an,
Singen mit der Fechter günste
  wie ichs gelernet han,
Bitt auch ihr Meister alle,
  Ihr wolt mich recht vorstan,
Und last euch nicht missfallen,
  was ich getichtet han.

Mein Schwerd hab ich erhaben,
  nach Künsten Meisterlich,
Haw unten oder oben,
  den rechten brauch treib ich,
Und wil dich auch probiren,
  aus rechter Meisterschafft,
Schweche und sterd vorführen,
  aus rechter Künsten krafft.

Wem muth zu fechten were,
  der neme sein Schwerd in die hand,
Das Wort (in des)²) schneit sehre,
  dem es ist recht belandt,
Und wer erschrickt gerne,
  das ist mein bester Rath,
Das er nicht Fechten lehrne,
  denn es übel anstath.

Nun merdt (in des) das Worte,
  da alle Kunst an ligt,
Zornhaw dgeht³) mit orte,
  behend [22a] aus langer schneid,
Aus Gülden kunst ich treibe,
  den Flügel ins hangend orth,
Im Triangel nicht bleibe,
  des Püffels nicht erwart.

Dabey soltu auch merden,
  die zwey vor und nach,
Darzu schweche und sterde,
  einlauffen sey dir nicht jach,
Dein Schwerd zu beiden henden,
  Die Zeckruhr nicht verlass,
Treib die stück behende,
  so findestu ihn blos.

Scheitelhaw der Kunst orte,
  den Schilhaw nicht durch lauff,
Und die eiserne Pforte,
  fürbas so merd auff,
Wiltu von dannen tragen,
  den Meisterlichen Krantz,
Vier hutten mustu haben,
  gehören auch an Tantz.

Die wil ich dir jetzt nennen,
  so soltu sein bericht,
Ochs, Alber,⁴) Pflug, lern kennen,
  Von Dach auch nicht vornicht,
Die viere soltu fechten,
  und davon halten allein,
So hastu die Gerechten,
  und pfleg die in gemein.⁵)

Viere sind die vorsetzen,
  und vier blos⁶) an den man,
Die viere auch sehre letzen,⁷)
  ein stück heist man die Kron.
Wiltu dieselb vortreiben,
  nim den Schnid für die Hand,
Die Kron mag nicht lang bleiben,
  ist dir der Schnit beland.

Der Krumphaw ist noch hinden,
  die zwerch und auch der schnit,
Im Dupliren lerne finden, [22b]
  Mutiren nim auch mit,
Durch wechssel ich dir sage,
  trit nahend an den Bund,
Weiter darffst du nicht fragen,
  wiltu nicht werden wund.

Durch fehler⁸) ich dir rathe,
  die hengen hab in Hutt,
Das sprechfenster so brate,
  einwinden ist auch gut.
Von beidn seittn absetze,
  sein schwerd mit deinem Schild,
Nach reisen auch sehr letzet,
  der gegen dir ist mildt.⁹)

---

¹) Das Gedicht ist nicht in Vers-abgesetzt. — Weise und Ton = Melodie. ²) Die Auslegung des Wortes „In des", wie des ganzen Gedichtes, wird aus meiner Herausgabe der handschriftlichen Fechtbücher sich ergeben. ³) der geht (zu, dar) mit der Spitze. ⁴) Anstatt Alber, stehet: Aiber. ⁵) Vergl. S. 4. ⁶) Blößen. ⁷) d. i. verletzen. ⁸) Die alten „Fehler" sind, was man jetzt „Finten" nennt. ⁹) Ob nicht „wild" zu lesen ist?

Ob man wird weiter fragen,
  wer das gedichtet hat,
Das darff man jhm nachsagen,
  Er heist der Paulus Roth,
Das Lied das thut er schenden,
  Eim Fechter wolgemuth,
Christoff Rösener zugebenden,
  der nams von jhm vor gut.

Vnd solt er alles rechnen,
  was in der Kunst mag sein,
Sein Kopff möcht er zerbrechen,
  Er trinckt gerne Wein,
Er bitt die Edelen Fechter,
  woln jhm nicht für übel han,
Ob er jhn nicht thet rechte,
  dann er nicht tichten kan.

Ende.

[23a] **Vnderrichtungen auch nützliche anweisungn des Fechtens,**
sampt dem gantzen Fundament im Dusacken.

Mit dieser Wehr reich weit vnd lang,
  Dem Haw für sich vberhang,
Mit deinem Leib, darzu tritt ferr,
Dein Haw führ gwaltig vmb jhn her,
Zu all vier enden, las die fliegen,
Mit geberden, zucken, kanst jhn btriegen,
In die sterck soltu vorsetzen,
Mit der schwech zu gleich jhn letzen,
Auch neher soltu kommen nicht
Dann das jhn langest mit eim tritt,
Wann er dir wolt einlauffen schier,
Das vorder orth, treibt jhn von dir,
Wer er dir aber glauffen ein,
Mit greiffen, ringn, der erst solt sein [23b]
Der sterck vnd schwech nim eben war,
In des, die blös, macht offenbar,
Im vor, vnd nach, darzu recht trit,
Merck fleißig auff die rechte zeit,
Vnd las dich bald erschrecken nicht!¹)

Ende.

[Auf dem nächsten, dem letzten Blatte steht das in Holz geschnittene Wappen der Churfürstlichen Stadt Dresden mit der Jahreszahl 1584; darunter:]

Gedruckt in der Churfuerstlichen Stad Dreßden, durch Gimel Bergen.
ANNO 1589.

---

¹) Aus Joachim Meyer's Fechtbuch v. J. 1570 mit einigen Veränderungen; so steht bei Meyer z. B. in der 2. Zeile „dem Hauw nach —", u. Aehnl. —

Von dem Verfasser des vorliegenden Werkchens erschienen bisher die Schriften:

Zur Würdigung der Spieß'schen Turnlehre. Basel, Schweighauser'sche Buchhandlung, 1845. (S. VI und 167).

Vorschläge zur Einheit in der Kunstsprache des deutschen Turnens. Mit einem Plane des Turnplatzes in der Hasenhaide v. J. 1818 und des Spieß'schen Turnplatzes zu Burgdorf. Berlin 1861, Verlag von E. W. Mohr & Co. (S. V und 60).

Anleitung zum Gewehrfechten. Den deutschen Turnvereinen gewidmet. Leipzig 1864 bei E. Keil. (S. 42 mit 6 Abbildungen).

Ueber die Annahme der Turnlehre und Turnsprache der Spießischen Turnschule in das Schulturnwesen des Preußischen Staates. Heidelberg, in Commission bei E. Carlebach. (S. 30. — Mit einer Abbildung des Zieh- und Schiebe-Klimmens).

Die Ordnungsübungen des deutschen Schulturnens. Mit einem Anhange: Die griechisch-makedonische Elementartaktik und das Pilumwerfen auf den d. Schulturnplätzen. Frankfurt a. M., J. D. Sauerländer's Verlag. 1866. Mit erklärenden Zeichnungen. (S. XII und 182; S. VII und 60).

Reigen und Liederreigen für das Schulturnen aus dem Nachlasse von Adolf Spieß. Mit einer Einleitung, erklärenden Anmerkungen und Liedern. Frankfurt a. M., J. D. Sauerländer's Verlag. 1869. (S. VII und 157).

Unter der Presse befinden sich:

Die **Leibesübungen in den Philanthropinen zu Dessau, Marschlins, Heidesheim** u. **Schnepfenthal.** (Sonderabdruck aus der d. Turnzeitung.) Heidelberg 1870. K. Groos.

Ferner:

Die **Ringkunst des deutschen Mittelalters,** mit 119 Ringerpaaren von **Albrecht Dürer.** Aus den deutschen Fechthandschriften zum ersten Male herausgegeben. Leipzig 1870, Verlag von M. G. Priber.

Buchdruckerei von J. S. Wolff in Heidelberg.